dtv

Loki Schmidt (1919–2010) lebte mit ihrem Mann, Altbundeskanzler Helmut Schmidt, in Hamburg. Die ehemalige Lehrerin machte sich unter anderem durch ihr Engagement für den Pflanzen- und Naturschutz einen Namen, wofür sie 1999 den Professorentitel und 2000 die Ehrendoktorwürde des Fachbereichs Biologie der Universität Hamburg bekam.
»Loki Schmidt war Deutschlands First Lady des Naturschutzes. Sie kürte die Blume des Jahres, reiste um den Globus und stritt für die Umwelt. Die Natur war ihre Heimat.« Die Zeit

Reinhold Beckmann, Jahrgang 1956, studierte in Köln Germanistik, Theater-, Film- und Fernsehwissenschaften. Für seine Sportübertragungen, Unterhaltungs- und Gesprächssendungen wurde er vielfach ausgezeichnet. 1999 gründete er die Stiftung Nestwerk e. v. für benachteiligte Jugendliche in Hamburg. 2008 erhielt er das Bundesverdienstkreuz. Er lebt mit seiner Frau und zwei Kindern in Hamburg.

»Erzähl doch mal von früher«

Loki Schmidt

im Gespräch mit Reinhold Beckmann

Mit s/w-Abbildungen

Deutscher Taschenbuch Verlag

Ausführliche Informationen über unsere Autoren und Bücher finden Sie auf unserer Website www.dtv.de

MIX
Papier aus verantwortungsvollen Quellen
FSC® C019821
FSC www.fsc.org

Ungekürzte Ausgabe 2010
5. Auflage 2011
Deutscher Taschenbuch Verlag GmbH & Co. KG, München

Umschlagkonzept: Balk & Brumshagen
Umschlaggestaltung unter Verwendung eines Entwurfs von Katja Maasböl
Umschlagfoto: Paul Schirnhofer
Gesetzt aus der New Aster (PostScript)
Gesamtherstellung: Druckerei C. H. Beck, Nördlingen
Gedruckt auf säurefreiem, chlorfrei gebleichtem Papier
Printed in Germany · ISBN 978-3-423-34576-7

Inhalt

Vorwort

»Erzähl doch mal von früher.« – Das war für mich schon als Drei-, Vierjährige das Schönste. Darum lief ich hinter meinen Eltern oder meiner Großmutter her und zupfte am Schürzenzipfel, am Rocksaum oder Hosenbein. Früher war mein Vater als Matrose auf einem Kriegsschiff nach Afrika gefahren, deshalb konnte er von Menschen und bunten Märkten erzählen. Früher stillte meine Großmutter bei Kerzenschein heimlich spätabends ihre Lesebegeisterung, deshalb konnte sie mir Teile aus Goethes Faust aus dem Kopf vortragen. Früher hatte meine Mutter als Kind mit der zahmen weißen Ratte von Tante Mia gespielt. Früher waren aber auch das Flugzeug und der Zeppelin über Hamburg gewesen. Und früher gab es das Auto von Onkel Herbert.

Ich habe die Fragen von Reinhold Beckmann, so gut ich konnte, beantwortet. Mir ist aber bei unseren Gesprächen auch deutlich geworden, wie sehr sich seit meiner Kinderzeit die Welt verändert hat. Neunzig Jahre sind fast ein Jahrhundert. Die kulturell lebendigen zwanziger Jahre, die Weltwirtschaftskrise und die Nazizeit mit dem Krieg und der großen Zerstörung meiner Vaterstadt sind für Reinhold Beckmann Geschichte. Für mich sind sie Teil meines Lebens. Ich bin dankbar, dass ich Reinhold Beckmann heute, nach einer langen Friedenszeit, behaglich vom Auf und Ab meines Lebens berichten kann.

Hamburg, im September 2008 *Loki Schmidt*

Manchmal wirken Situationen und Begegnungen sofort ganz unmittelbar und vertraut. So saß ich Loki Schmidt im Arbeitszimmer ihres Hauses in Langenhorn gegenüber. Es war vom ersten Augenblick an eine Begegnung voller Sympathie und Offenheit. Über viele Wochen trafen wir uns regelmäßig inmitten einer kleinen, handverlesenen Bibliothek. Rings um uns in den Regalen die vielfach übersetzten Werke ihres Mannes, aufgereiht und wohlsortiert. Doch bevor allzu große Ehrfurcht vor so viel kluger Welterkenntnis und politischer Weitsicht das Klima beherrschen konnte, ergriff Loki die Initiative. Hanseatisch liebenswürdig und ziemlich pünktlich um elf Uhr empfing sie mich zum zweiten Frühstück. Es gab Vollkornbrot mit Butter und Käse in appetitlich klein geschnittenen Häppchen.
Wer sich mit Loki Schmidt verabredet, sollte Folgendes beachten: Da wäre zunächst die geradezu preußische Disziplin, mit der sie konsequent ihren Bio-Rhythmus befolgt. Und ein leidenschaftliches Verhältnis zum Passivrauchen kann nicht schaden. Was manch einer in öffentlichen Räumen vermisst, gibt es im Hause Schmidt im Übermaß: Hier hängt der Himmel wie in alten, verqualmten Tagen noch voll mit blauem Dunst. An einem solchen Ort empfand ich es als feige und verweichlicht, zum Lüften ans Fenster zu treten.
Unsere Gespräche entwickelten bald eine eigene Dynamik. Da saß ich, der gut ihr Sohn hätte sein können, und fragte mich neugierig durch ihr wechselvolles Leben. Ein weiter Bogen von einer sehr einfachen, positiv erlebten Kindheit bis zu den Gedanken an die unvermeidlich letzten Dinge. Loki Schmidts

Blick zurück spiegelt facettenreich und teilweise verblüffend beinahe ein ganzes Jahrhundert Zeitgeschichte. Dabei wählte sie schon als Mädchen einen sehr unabhängigen Blickwinkel auf ihre Umgebung und ließ sich davon nie mehr abbringen. Bezeichnend ihre Feststellung, als sie über ihre Rolle als zukünftige Kanzlergattin kurzerhand für sich beschloss: »Ich werde mich in Bonn nicht verbiegen lassen.«

Bei fast allen Themen sprach Loki Schmidt spontan, pointiert und sehr persönlich. Und nur ganz selten fiel der Satz: »Jetzt schalten Sie dieses Ding doch mal aus, Herr Beckmann.« Mal trat Privates in den Vordergrund, ein andermal wusste sie mit feinen Strichen ihr Schicksal und das ihres Mannes mit dem Rauschen und Raunen der Zeitgeschichte zu verbinden. Und das alles stets selbstbewusst und reflektiert, zwischen heiteren, aber auch melancholischen Momenten. Für Loki Schmidt, so hat sie es mir gestanden, waren unsere Treffen eine große Motivation, sich noch einmal auf den Weg durch ihr Leben zu machen. Ihr ist es ein Anliegen, die nächsten Generationen an ihren Erfahrungen und Einsichten teilhaben zu lassen. Wer wie sie nie aufgehört hat zu lernen, verliert nicht das Vertrauen, dass wir alle voneinander lernen können.

Wir nahmen uns also die Zeit, da und dort innezuhalten. So begegneten wir Menschen und ließen Lebensabschnitte Revue passieren, die ihr Schicksal, aber auch das unseres Landes entscheidend geprägt haben. Des öfteren gab es zur Aufmunterung zwischendurch die von ihr geliebten Ingwerkekse. Und gelegentlich schaute Helmut Schmidt auf dem Weg ins Büro der *Zeit* auf eine Zigarettenlänge vorbei. Er setzte sich dazu und war sofort mitten im Gespräch. Da war sie greifbar, die Vertrautheit einer Beziehung von einundachtzig Jahren.

Wenn Helmut Schmidt dieser Tage anlässlich seines neunzigsten Geburtstags als herausragende Persönlichkeit der bundesdeutschen Geschichte geehrt wird, ist dies unausgesprochen auch eine Hommage an seine Frau, die ihn über Jahrzehnte begleitete. Ihre Schilderungen von den Anfängen bis hin zu ihrem Dasein als Kanzlergattin und weit darüber hinaus lesen sich wie ein ganz eigenes, sehr aufschlussreiches Kapitel deutscher Geschichte. Sie hat stillen Anteil am politischen Wirken ihres Mannes – auch das habe ich in den Gesprächen mit ihr zu verstehen gelernt.

Wer sich mit Loki Schmidt über all die gemeinsamen Jahre ihrer lebenslangen Partnerschaft unterhält, ist immer wieder erstaunt. Ein Leben mit vielen persönlichen Prüfungen und Hindernissen, in dem sie durch Weitsicht und Geduld allen Schwierigkeiten begegnete. Es ist beeindruckend, mit wie viel Souveränität und Menschlichkeit sie an der Seite ihres Mannes ein eigenständiges Leben geführt hat und ihm dabei doch stets nah geblieben ist.

Ich danke Tanja Krawczyk, Marcus Foag und Wolfgang Weismantel für ihre Unterstützung.

Hamburg, im September 2008 *Reinhold Beckmann*

»Honni, Honni, aus dem Land von Karbonni«

Eine Kindheit in Hamburg

3. März 1919, Hannelore Glaser kommt in einem Hamburger Arbeiterviertel in Hammerbrook in der Schleusenstraße zur Welt. Was war das für ein Haus, und wer wohnte alles dort?

Es war ein großes Etagenhaus. Ich vermute einmal, 1880 gebaut, mit drei oder vier Etagen. Meine Großeltern, meine Eltern und die zwei jüngeren Schwestern meiner Mutter mit ihren Männern wohnten da. In einem kleinen Zimmer wohnte Thora. Sie hieß eigentlich Viktoria Griese und war die Tochter einer Nachbarin meiner Großeltern, einer ledigen Mutter – das hat es immer gegeben. Sie lebte in einer winzigen Wohnung mit ihrer kleinen Tochter. Tagsüber ging sie arbeiten. Dann bekam sie Tuberkolose und starb. Daraufhin haben meine Großeltern Thora zu sich genommen: »Eine mehr, darauf kommt es auch nicht an.« Sonst hätte sie sofort ins Waisenhaus gemusst.

Von dem Tag an gehörte Thora fest zur Familie?

Ja, meine Großeltern, meine Mutter und meine Tanten waren ihre Familie. Nebenbei erwähnt: Von Vater Staat gab es keine finanzielle Hilfe, wenn man ein Kind aufnahm.

Was war mit Haustieren?

Ein Hund war im Haus: Wulli war ein kleiner Dackel. Er kniff mich als Dreijährige immer in die Waden. Dann kletterte ich auf einen kleinen Stuhl und rief Großmuddel, die mich retten musste.

Als Dreijährige mit »Bodderlecker« und von der Mutter genähtem Kleid. Das Bilderbuch gehörte dem Fotografen; zu Hause gab es keins.

Die Lage der Schleusenstraße in Hammerbrook war ja nicht ganz ungefährlich.

Ich weiß, dass meine Großmutter mit mir, wenn Hochwasser eintrat, die Straße entlangging. Es gab eine kleine Anhöhe, von der aus man in den Hafen gucken konnte und wo eine richtige Kanone stand. Mit der wurde »Hochwasser geschossen«.

Sie sind ein paar Jahre später umgezogen.

Das erinnere ich noch ganz genau – auf eine Schott'sche Karre, eigentlich nur eine Plattform mit vier Rädern und einer Deichsel, wurden die Möbel geladen, die meinen Eltern gehörten. Obendrauf kam das Bettzeug, und darauf wurde mein Bruder gesetzt. Der war ja erst drei Jahre alt. Er bekam eine Papierlaterne in die Hand mit der Weisung: Die musst du immer hochhalten, damit die Leute und die Pferdewagen auf der Straße uns auch sehen. Das Ganze fand natürlich in der Dunkelheit statt, nach der Arbeit. Drei Freunde haben geholfen. Die Wohnung kann ich noch genau beschreiben, auch die Möbel. Die Wohnung hatte höchstens 28 Quadratmeter.

Was bot die Wohnung sonst noch?

Strom gab es nicht, sondern Gas. Draußen am Haus befand sich an einem geschwungenen schmiedeeisernen Arm eine Gaslaterne. In der Wohnung gab es in der Küche und im Wohnzimmer eine Gaslampe. Die Blumensträuße, die mein Vater häufiger mitbrachte, waren nach zwei Tagen verwelkt wegen des Gases. Dass die Gasbeleuchtung auch für uns Menschen ungesund war, spielte keine Rolle, schließlich war die Wohnung billig. Mein Vater bekam in der Woche 27 Mark ausbezahlt, die Miete betrug 27 Mark im Monat.

Es blieben dann noch drei mal 27 Mark übrig für das Leben.

Meine Mutter ging häufig zum Nähen, und Thora kam, um die drei Kinder zu versorgen.

Gab's ein WC?

Nein. Diese Wohnung – für heutige Verhältnisse unvorstellbar – hatte einen Ausguss mit einem Wasserhahn neben der Wohnungstür. Das war der einzige Wasserhahn in der Wohnung. Ein WC gab es nicht, sondern einen Austritt im Treppenhaus ohne Fenster. Ich vermute, dass da ein Goldeimer war.

Ein Goldeimer und so eine Art Plumpsklo?

Ja, ein Plumpsklo. Wir Kinder hatten vor diesem Klo im Treppenhaus eine scheußliche Angst. Deswegen stand in unserem Schlafzimmer außer den drei Betten und dem Kleiderschrank noch ein Stuhl in der Mitte, unter dem sich ein Töpfchen befand.

Um bloß nicht wieder zum Klo gehen zu müssen. Was war das Scheußliche an diesem Plumpsklo, das den Kindern so viel Angst gemacht hat?

Die Dunkelheit. Da war ja kein Fenster. Und man musste ins Treppenhaus.

Da war einem das Töpfchen doch näher.

Kalt war die Wohnung aber auch. In der Küche befand sich ein großer Herd, wie sie früher üblich waren. Darauf stand ein zweiflammiger Gasherd. Manchmal, im Winter, wurde aber auch der große Herd in Betrieb genommen. Das Kinderschlafzimmer war ungeheizt. Das Kabuff, in dem meine Eltern schliefen, natürlich auch. Nur das Wohnzimmer war noch zu heizen. Dort war ein Kohleofen.

Wie hat Mutter die Wäsche gewaschen?

Mit einem großen Topf auf dem Kohleherd und natürlich mit einer Ruffel.

Was ist eine Ruffel?

Eine Holzunterlage, ungefähr 80 Zentimeter, das heißt ein dickes Holzbrett, auf dem ein wellenförmiges Blech befestigt war.

Darauf konnte man schrubben.

Ja. Jeden Sonnabend wurde auch auf dem Kohleofen ein großer Topf mit Wasser erwärmt. Dann kam die Badewanne, eine Zinkwanne.

Eine mobile Zinkwanne. Die wurde in die Küche gestellt.

Die stand in der Küche unter einem Arbeitstisch. Sitzen konnte man in der Küche nicht. Einen Stuhl gab es nicht, sondern nur einen Arbeitstisch. Darunter stand die Wanne für die sonnabendlichen Badevergnügungen. Natürlich alle Kinder im selben Wasser.

Gab es eine klare Reihenfolge, wer zuerst in die Wanne durfte? Wie war das bei den Glasers?

Meine Eltern haben immer erst uns drei Kinder gebadet. Obwohl sie alles andere als prüde waren, haben sie selbst nie mit in der Wanne gebadet. Sie sind zwar manchmal ohne was in der Wohnung umhergelaufen, sodass mir der Unterschied zwischen Mann und Frau selbstverständlich und vertraut war. Auch wir Kinder sind häufig nackt herumgelaufen. Aber gründlich gewaschen haben sich meine Eltern nie vor den Augen ihrer Kinder.

Waren Sie als Älteste berufen, als Erste ins Badewasser steigen zu können?

Das weiß ich nicht mehr. Ich meine, dass wir zu zweit in der Wanne gesessen haben. Wenn man die Knie hochzog, konnte einer auf der einen und der andere auf der anderen Seite sitzen. Außerdem macht es viel mehr Spaß. Nach dem Badevergnügen gab es am Sonntagmorgen frische Unterwäsche.

Gab es denn ein besonderes Erlebnis in diesen Jahren?

In den zwanziger Jahren – wahrscheinlich 1928 – kam mein Vater einmal abends nicht von der Arbeit nach Hause. Auf unser Fragen hin sagte unsere Mutter: »Papa ist einige Wochen auf Montage.« Wir erfuhren, dass unser Vater eine wichtige Arbeit zu verrichten habe: Weit entfernt von Hamburg gebe es ein kleines Schlösschen an der Elbe, erzählte sie. Sie meinte das Herrenhaus Haseldorf in der Elbmarsch stromabwärts. Dort war eine Überlandleitung neu errichtet worden, sodass der Hof mit allen Gebäuden an das Stromnetz angeschlossen werden konnte. Bis dahin hatte es nur Kerzen und Petroleumlampen als Lichtquelle gegeben. Uns Kindern erschien der Gedanke, dass unser Vater in einem Schloss arbeitete und allein alle Leitungen legen konnte, wie aus einem Märchen.

Haben Sie Ihren Vater einmal besucht?

An einem Wochenende im Sommer. Die S-Bahn bis Wedel gab es schon. Von da an folgte ein langer Fußmarsch. Unsere kleine Schwester war erst sechs Jahre alt. Aber wir erreichten Haseldorf und wurden von unserem Vater in die Arme geschlossen. Dann begrüßte uns die Wirtschafterin und brachte uns in die riesige Schlossküche. In der Mitte des Raumes stand ein so großer Tisch, wie ich noch nie einen gesehen hatte. In dem großen Raum mit niedriger Decke aßen alle Arbeiterinnen und Arbeiter von Haseldorf dreimal am Tag zusammen. Jetzt waren wir allein dort.

Und was gab es Schönes?

Die Wirtschafterin sagte zu uns: »Es gibt was Feines: Wildente mit Rotkohl.« Als wir unser Fleisch klein geschnitten hatten, steckte ich erwartungsvoll ein Stück in den Mund und kaute und kaute. Ich sah meinen Bruder an: Er kaute und kaute. Der Vanillepudding schmeckte besser. Bald mussten wir zurück. Und kurze Zeit darauf war unser Vater auch mit seiner Arbeit fertig.

Wann hat Ihr späterer Mann Sie zum ersten Mal in Ihrer Wohnung besucht?

Wir waren schon in der Lichtwarkschule, als er mir mal eine Mütze nach Hause gebracht hat.

Dann ist er den ganz langen Weg rüber von Barmbek in die Baustraße in Hamburg-Borgfelde?

Ja. Solche Wege waren eine Selbstverständlichkeit.

Haben Sie die Mütze mit Absicht vergessen, damit er mal zu Ihnen nach Hause kommt?

Nein.

Als junges Mädchen lässt man sich doch was einfallen.

Wie alt war ich da? Rechnen Sie mal! Auf die Idee wäre ich nie gekommen.
Wir sind aus der kleinen Wohnung ausgezogen, als ich elf Jahre alt war.

Ihr Mann erzählt, für ihn sei es ein einschneidendes Erlebnis gewesen, als er Ihre Baskenmütze, die Sie bei ihm zu Hause vergessen hatten, in die Wohnung Ihrer Eltern in die Baustraße in Hamburg-Borgfelde zurückbringen musste.

Sein Entsetzen habe ich nicht mitgekriegt. Das hat er mir erst viel später erzählt. Er ist in einer bürgerlichen Familie aufgewachsen.

Für Ihren späteren Mann stellte sich die Frage: Wie kann man dort leben? Nach dem Motto: Lieber Gott, dass Menschen so leben müssen! So hat er es formuliert.

Ich weiß. Für ihn und viele meiner Klassenkameraden war allein die Tatsache, dass man nicht klingeln konnte, sondern klopfte und die Tür aufging und man in der Küche stand, komisch. Dramatisch wurde es, wenn man mal musste.

Kam denn Helmut Schmidt nach diesem Erlebnis als Zwölfjähriger später trotzdem vorbei?

Wir sind dann bald nach Horn umgezogen. Da ist er häufiger gewesen.

Wie war's im Winter, wenn's kalt wurde?

Da wurde ein Backstein unten ins Bett gelegt. Der wurde erst auf dem Ofen gewärmt, dann in Zeitungspapier, das immer wieder benutzt wurde, eingewickelt und ins Bett gelegt.
War es außergewöhnlich, wenn jemand eine Zeitung mit nach Hause brachte, oder war eine Zeitung regelmäßig da?

Nein, bei uns nicht. Kostete ja Geld.

Schellingstraße 9 in Hamburg-Eilbek: Wohnhaus der Familie Schmidt ab ca. 1931.

Wie sah der Krämerladen in der Nachbarschaft aus?

Erst einmal musste man fünf Stufen von der Straße heruntergehen. Die Scheibe fing auf Trottoirniveau an, sonst wäre nämlich kein Licht in den Laden gefallen. Strom gab es nicht. Es gab zwei Fässer, und zwar hübsch anzusehende Fässer mit sehr hellen Holzdauben. In dem einen war Butter, in dem anderen Margarine. Verpacktes gab es nicht, außer den ganz kleinen Maggi-Würfeln.

Ich nehme an, das wichtigste Gerät im Krämerladen war die Waage?

Alles – Haferflocken, Grieß, Nudeln – befand sich in Säcken oder Schubladen und wurde ausgewogen. Natürlich gab es keine elektrische Waage, sondern eine richtig schöne Waage. Auf der einen Seite befand sich eine Messingschale, die immer fabelhaft geputzt war, auf der anderen Seite eine Plattform mit den Gewichten. Die Gewichte waren unterschiedlich. Alles, was über ein Pfund war, waren Eisengewichte, alles darunter Messing.

Wie wurde die Margarine gekühlt?

Der Eismann kam ab und an mit einem Eisblock, der zwischen Margarine und Butter geschoben wurde. Was ich immer bewundert habe bei diesem Krämer: Wenn man Butter oder Margarine kaufte, nahm er zurechtgeschnittenes Pergamentpapier und einen Holzspachtel, mit dem er ins Fass ging. Er klatschte Butter oder Margarine auf das Papier, wog es, und meistens hatte er so ungefähr die richtige Menge.

Und als Älteste waren Sie für den Einkauf zuständig?

Natürlich hat meine Mutter eingekauft. Doch es war nicht so wie heute, dass man einmal in der Woche einkauft. Jeden Tag holte man irgendetwas Kleines, das gerade fehlte, zum Beispiel

Geschäft der Großmutter Helmut Schmidts im Mundsburger Damm.

fast jeden Tag ein Viertelpfund Kaffee. Meine Eltern hatten schon aus finanziellen Gründen kein Verlangen nach Alkohol oder Luxusartikeln, aber Kaffee – ja. Meine Mutter kochte noch eine Tasse Kaffee, wenn wir Kinder im Bett waren. Meine Eltern tranken abends eine Tasse starken Kaffee, und dann gingen sie ins Bett.

Wie wurden die Lebensmittel denn verpackt?

Es gab zwei verschiedene Arten von Tüten. Alles, was ein Pfund und drüber wog, kam in eine rechteckige Tüte, alles, was darunter war, in eine spitze, beide aus Papier natürlich. Kunststoff wurde ja erst später verwendet. Die spitzen Tüten waren sehr begehrt bei uns Kindern. Wenn sie leer waren, konnte man sie aufschlitzen, sodass genau ein Quadrat entstand, das sehr schön zu bemalen war. Außerdem konnte man es noch vierteilen und als Klopapier benutzen. Bei dem Krämer gab es keinen Käse zu kaufen, sondern nur grünen Käse. Den kennen Sie wahrscheinlich gar nicht mehr.

Nein, was ist grüner Käse?

Das ist ein Kräuterkäse, und zwar ein etwa 15 Zentimeter hoher Kegel und sehr hart. Man musste diesen Käse also auf der Reibe reiben.

Und als Kind haben Sie den Käse gehasst, nehme ich an?

Wir haben den Käse geliebt. Meine Mutter hat ihn gerieben. Ein bisschen später war ich dafür zuständig. Dann habe ich ein Viertelpfund Margarine schaumig gerührt, diesen Kegel in mühevoller Arbeit gerieben und beides vermischt. Das war ein wunderbarer Brotaufstrich. Heute würde man sagen, so eine Art Kräuterschmelzkäse, aber eben durch die Margarine ziemlich fetthaltig. Im Sommer gab es abends außerdem frische Gurken-, Tomaten- oder Radieschenscheiben aufs Brot, häufiger auch Weißkäse.

Was ist das?

Den gibt es leider auch nicht mehr. Das war ein fester, trockener Quarkblock – etwa 20 Zentimeter im Quadrat –, von dem man dicke Scheiben abschneiden konnte. – Im Winter kamen manchmal Bananenscheiben aufs Brot oder Feigen- oder Dattelstücke. Häufig gab es Schmalz, besonders beliebt, wenn Apfelstücke drin waren. Ab und zu wurde auch ein Ei hart gekocht. Wurst war selten auf dem Brot, höchstens mal eine Leberwurst. Meine Eltern hatten an der Volkshochschule, die gleich nach dem Ersten Weltkrieg gegründet worden war, unter anderem einen Kurs über gesunde Ernährung besucht. Das war der Grund für den für die damalige Zeit etwas ungewöhnlichen Brotbelag.

Was war mit der Milch? Gab es damals einen Milchmann, der täglich vorbeikam?

Ja, er kam mit einer Karre. Zwischen den beiden Rädern hingen mindestens drei große Milchkannen, wie man sie heute noch auf Bauernhöfen sieht. Dieser Wagen wurde von einem Hund gezogen. Der Milchmann kam jeden Tag. Er rief nicht. Das hatte er nicht nötig, denn er kam immer zur selben Zeit. Die Leute warteten schon.

Die Milch war nicht pasteurisiert und nicht chemisch behandelt, das heißt, wenn sie länger zu Hause stand, legte sich so eine schöne Schicht darüber, und dann konnte man mit der Milch was Besonderes machen.

Erst einmal konnte man die Rahmschicht abschöpfen, aber die Milch wurde natürlich verhältnismäßig schnell sauer. Wenn sie sauer werden sollte – das sollte sie häufiger im Sommer –, tat meine Mutter sie gleich auf tiefe Teller – für jeden einen Teller. Da setzte sich auch oben der Rahm ab. Es dauerte höchstens einen halben Tag, dann war die Milch fest, und wenn auf diese Dickmilch dann noch Zucker gestreut wurde …

Mit Zimt?

Eigentlich ganz kleine Schwarzbrotkrümel.

Bei uns gab es dicke Milch immer mit Zimt und Zucker und kleinen Krümeln mit Schwarzbrot, und wer Schwarzbrot nicht mochte, bekam Zwiebackstücke obendrauf.

Ich wollte gerade sagen, eine richtig schöne Dickmilch ist tausendmal leckerer als sämtlicher Joghurtkram.

Was war mit Vitaminen und Gemüse?

Einiges Gemüse und Kartoffeln kauften wir beim »Gemüsemann«. Er hatte seinen Laden auch im Keller, aber in unserer Terrasse – in diesem Durchgang von der einen Straße zur anderen. Dort befand sich ein etwa zwei Meter großer Verschlag, in dem die Kartoffeln waren. Im Winter hatte er Steckrüben, Weißkohl und Rotkohl, wobei der Rotkohl mit Abstand das Teuerste war. Dazu kamen noch ein paar nicht ganz einwandfreie Wurzeln, Möhren. Im Sommer gab es bei ihm kaum Gemüse, das hätte sich da unten im Keller wahrscheinlich auch nicht lange gehalten. Es gab vielleicht zwei Wochen mal grüne Bohnen, die aber ganz schnell ausverkauft waren, und höchstens eine Woche Palerbsen – Erbsen, die noch in der Schote waren, sie wurden ja nicht so wie heute aus dem Gefrierschrank geholt. Da wir täglich Gemüse aßen, kauften wir bei einem Händler weiter entfernt.

Das war doch lecker, die Palerbsen als Kind aufzumachen und zum Leidwesen der Eltern vorher schon alle roh aufzuessen.

Und die Schalen erst! Die schmecken fabelhaft. Die Schale hat ja innen eine sehr harte Haut, um die Kerne zu schützen. Wir hatten aber einen Dreh, dass wir sie knickten, und dann konnte man die Erbsen pulen. Das taten wir mit Wonne, auch wenn wir die Anweisung hatten, nicht so viele Erbsen zu essen.

Was war mit dicken Bohnen? Gab es die damals?

Die waren wahnsinnig teuer und hießen in Hamburg »Große Bohnen«. Das war früher hier in Hamburg eine Delikatesse, besonders in der Matjeszeit, wenn sich die Kaufleute zum eleganten Essen trafen. Es gab dann große Bohnen und auf Eis gelegte Matjesfilets. Dazu eine Speckstippe, also eine Specksoße, und neue Kartoffeln natürlich. Das habe ich nie gegessen, sondern immer nur davon gehört. Wir haben gelegentlich auch mal große Bohnen gegessen, aber eigentlich waren die zu teuer für uns.

Was war denn die Lieblingsspeise, das Lieblingsessen der jungen Loki Glaser?

Ich mochte alles gern, was unsere Mutter kochte. Bei uns gab es die Gewohnheit, dass wir – ob viel Geld oder wenig da war – zu unserem Geburtstag mittags etwas auswählen konnten. Mein Lieblingsessen, das höchste der Gefühle, waren Schneidebohnen in einer leichten Milchsoße mit viel Petersilie und ein kleines Stück Beefsteak. Das war für mich als Kind der Inbegriff von Luxus. Ich wünschte mir immer Schneidebohnen in Milch gestovt und Beefsteak. Meine Geschwister, die alle Anfang August Geburtstag haben, hatten da mehr Schwierigkeiten. In dieser Zeit waren wir meist auf dem Heidegrundstück meiner Großeltern. Dafür kriegten sie dann nachmittags beim Bäcker ein ganzes Blech mit Apfelkuchen.

Mit schön viel dickem Zucker drauf?

Ja, vor allem kam dann der Anfangsbuchstabe mit Zuckerguss drauf, und das Stück wurde rausgeschnitten, und das kriegte das Geburtstagskind.

Purer Zucker und ein bisschen Apfel.

Nein, auch Teig.

Gab es Bananen?

Ganz, ganz selten und wenn, dann auf Brot. Mein Vater hatte 1926 das Kinderzimmer gestrichen und einen großen Tukan an die Wand gemalt. Als wir nach Hause kamen und das Bild fertig war, lag auf jedem Bett eine ganze Banane. Mein Vater berichtete uns: »Die hat der Tukan euch mitgebracht.« Das war wie Geburtstag, Weihnachten und Neujahr zusammen, eine ganze Banane für jedes Kind.

Gleich verschlungen?

Möglichst schnell. – Mir ist noch was eingefallen. Natürlich gab es gelegentlich auch mal Fleisch. Vielleicht wird es für Sie jetzt ein bisschen unappetitlich. Meine Mutter kaufte, wie es damals hieß, einen »Herzschlag«. Das waren die beiden Lungenflügel, entweder vom Rind oder vom Schwein, aber meistens vom Rind, das ganze Adergeäst und das Herz. Das kostete verhältnismäßig wenig. Das Herz schnitt meine Mutter vorher ab, es wurde in Scheiben geschnitten und wie Beefsteak gebraten. Das war was Leckeres. Das andere wurde sauber gewaschen und in einem großen Topf gekocht. Anschließend wurden all die verschiedenen Adern abgeschnitten und weggetan und die Lungenflügel durch den Fleischwolf gedreht. Dann gab es Lungenhaschee. Da war Gewürzgurke drin, und alles wurde pikant abgeschmeckt, das mochten wir gern.

Und gab es auch gebratene Gehirngrütze?

Bregen.

Ja, Bregen. Wir hatten noch einen anderen Namen dafür, Hackewack. Das fanden meine Brüder und ich sehr schmackhaft, wenn das so angebraten war.

Also Bregen sauber gemacht, einmal gebrüht, damit er ein bisschen härter war, in Scheiben geschnitten und knusprig gebraten.

Und eventuell noch eine Scheibe Brot drunter.

Das erinnere ich auch noch, aber nicht aus dieser Zeit, sondern ein bisschen später.

Welche Süßigkeiten gab es?

Für uns Kinder selten mal Kuchen. Aber ein Straßenhändler verkaufte »Honni, Honni aus dem Land von Kabonni«. Das war Türkischer Honig, aber ganz hart. Hin und wieder kam der Mann mit seinem kleinen Wagen und rief pausenlos »Honni, Honni aus dem Land von Kabonni«. Er hatte einen Spachtel, mit dem er von dem Block etwas abhackte, und das kam dann in eine Tüte und wurde abgewogen. Wir haben aber nichts gekauft, denn wir hatten ja nie Taschengeld.

Haben Sie sich als Kind gefragt, wo dieses Schlaraffenland Kabonni liegt?

Keine Ahnung, es klang einfach nur gut. Diesen Ruf höre ich noch heute. Das waren die Süßigkeiten, die man auf der Straße kaufen konnte.

Gab es denn irgendeine Süßigkeit als Nachtisch zu Hause, die an bestimmten Tagen für Sie etwas Besonderes war?

Vanillepudding war natürlich immer was Besonderes, den gab es verhältnismäßig häufig.

Mit ein bisschen Saft drauf?

Mit Saft, und zwar mit Himbeersirup, den man in einem anderen Geschäft, so viertelliterweise, kaufen konnte.

Was war Ihr Lieblingsgericht?

Als mein Vater 1932 arbeitslos wurde, ging meine Mutter fast täglich bis abends zum Nähen zu Bekannten, zum Teil wohlhabenden Familien. Gleich nach der Schule kochte ich für meine Geschwister. Das Lieblingsessen kann ich sogar noch in Gewichten angeben. Es hieß »Buntes Huhn«, hatte mit Huhn aber nichts zu tun. Fünf Pfund Kartoffeln, fünf Pfund Wurzeln, ein Viertelpfund fetter Speck und ein großer Strauß Petersilie. Kartoffeln schälen, Wurzeln schälen, getrennt kochen, Kartoffeln abgießen, stampfen, aber so, dass sie nicht wie Kartoffelmus wurden, sondern etwas stückiger. Das kam dann in die Wurzeln hinein. Das Viertelpfund Speck habe ich in kleine Würfel geschnitten, ausgebraten, und wenn es so gelbknusprig war, wurde es mit den Wurzeln und Kartoffeln vermischt. Darüber kam ganz viel gehackte Petersilie, was dann doch sehr farbig war, darum »Buntes Huhn«. Das liebten meine Geschwister, nur wollten sie dann hinterher auch immer meine »Schwanensuppe« haben.

Was ist »Schwanensuppe«?

Eine Zitrone dünn abschälen, die Schale kochen, bis das Wasser ein bisschen gelblich ist und schon stark nach Zitrone riecht, Schale rausfischen, Grieß hinein, sodass es eine dickliche, aber nicht dicke Suppe wird, ein Ei und Zucker. Das Ei trennen, das Eigelb ganz vorsichtig mit der heißen Suppe vermengen, Eiweiß schlagen und mit dem Teelöffel lauter kleine Klößchen auf die heiße Suppe setzen, das sind die Schwäne.

Das geschäumte Eiweiß waren die Schwäne, die dann auf der Suppe entstanden?

Der steife Eischnee wurde mit dem Löffel auf die heiße Suppe gesetzt, dadurch erstarrte es. Eigentlich waren es mehr Ostereier. Manchmal habe ich dann noch eine Spur Kakao oben auf die Schwäne getan. Dieses Essen, »Buntes Huhn« und ...

... »Schwanensuppe« ...

... das fanden meine Geschwister am allerschönsten. Und wenn ich gefragt habe, was ich denn bloß mal kochen soll, und wieder keine Zeit hatte, weil ich aus der Schule kam, dann war's diese Suppe.

Bei uns zu Hause gab es noch den »Falschen Hasen«.

Ostern 1925: Erster Schultag. Helmut Schmidt mit »Ränzel«, Brottasche und den damals typischen Wollstrümpfen.

Den gab es bei uns auch, aber Hack war natürlich teurer als der Herzschlag. Das gab es nicht so häufig, aber »Falscher Hase«, so richtig im Backofen gebacken und in Scheiben geschnitten, mhm, das war ein Festessen.

Was von diesen Speisen von damals ist denn heute noch auf dem Tisch der Schmidts zu finden?

Erst einmal muss ich eins sagen: Da wir inzwischen so alt sind, ist unser Magen klein geworden. Wir staunen immer, wie wenig wir essen, aber das ist vielleicht normal. »Buntes Huhn« würde mein Mann heute noch mit Vergnügen essen, Wurzelgemüse auch – ob ich darüber nun den ausgebratenen Speck mache oder lieber einen ordentlich großen Löffel Butterschmalz, ist die Frage. Petersilie liebe ich zwar sehr, aber mein

Mann nicht so. Deswegen habe ich mir abgewöhnt, über alles Gemüse Petersilie zu streuen. Ansonsten koche ich noch vieles, was es zu unserer Kinderzeit gab: viel frisches Gemüse, wenig kurz gebratenes Fleisch, ab und zu ein Stück Fisch. Allerdings essen wir seit langem morgens einen frisch zubereiteten Obstsalat, den es zu meiner Kinderzeit aus finanziellen Gründen nur selten gab.

Wie war denn die Kinderkleidung damals? Gab es Weihnachten immer etwas Besonderes?

Zu Weihnachten gab es einen bunten Teller und manchmal ein Paar Strümpfe. Zu Weihnachten 1946 – wir waren vier Jahre verheiratet, und ich war siebenundzwanzig Jahre alt – habe ich von meinen Schwiegereltern eine wunderbare knallgrüne Wollunterhose bekommen, die mein Schwiegervater, glaube ich, im Tauschhandel erstanden hat, eine wollene Unterhose, nicht ganz bis zu den Knien.

Wie sah die Mädchenkleidung zu Ihrer Kinderzeit aus?

Die Mädchenkleider gingen alle, besonders im Winter, bis zu den Knien. Im Sommer waren sie kürzer. Ich rede jetzt von kleinen Mädchen, von Mädchen, sagen wir mal, bis vierzehn etwa. Die Hosen der Jungs hörten kurz über dem Knie auf. Erst als Einzelne in die Bündische Jugend gingen, das heißt, Ende der zwanziger Jahre, kamen die kürzeren Hosen. In der Nazizeit waren die Hosen ja kurz, da wurden sie möglichst noch aufgekrempelt. Im Herbst und im Winter sah man an kurzen Hosen seitlich noch schwarze Strippen. Damals trugen auch die Jungs bis dreizehn noch eine Art Leibchen, an dem Knöpfe mit Gummibändern waren. Daran wurden die langen Strümpfe befestigt. Kniestrümpfe kamen erst ein bisschen später auf.

Weihnachten bei Familie Schmidt 1935.

Das heißt, die Jungs sind lange in kurzer Hose gelaufen, teilweise auch in der Winterzeit?

Ja, aber mit langen Wollstrümpfen im Winter. Jungs mit langen Hosen kannte ich nur bei Konfirmanden oder feierlichen Anlässen, wenn sie zum Beispiel bei einer Hochzeit Blumen streuen mussten. Ich habe als Kind einmal so eine ganz feierliche Hochzeit in Bergedorf mitgemacht, da hatten die Jungs lange Hosen an. Das fand ich eigentlich schick.

Was für Spiele hatten Sie zu Hause?

Spiele und Spielzeug hatten wir kaum. Wenn wir mit unserer Mutter in den Hammer Park gingen, sammelten wir Zweige, Moos und Blätter. Daraus bauten wir uns alles Mögliche. Vor allem spielten wir miteinander, zum Beispiel: »Ich seh, ich seh was. Wie glänzt das?« Unsere Eltern erzählten uns auch viel, besonders, wenn wir baten: »Erzähl doch mal von früher!« Unser Vater konnte sehr spannend von seinen Reisen an der Westküste Afrikas berichten, wo er vor dem Ersten Weltkrieg bei der Marine gedient hatte. Erst viel später ist mir aufgefallen, dass er nur von der Vorkriegszeit und nie vom Krieg erzählt hatte. Wir hatten ein Puppenhaus, das mein Vater hergestellt hatte. In den dreißiger Jahren gab es ein Mühlespiel, später hatten wir ein Schachspiel. Ein sehr simples. Mein Vater hat meinem Bruder und mir die Regeln erklärt, aber er hat nie mit uns gespielt.

Warum nicht?

Irgendwann fällt es einem neugierigen Mädchen auf. Da habe ich ihn gefragt, und er hat mir Folgendes erzählt: Vor dem ersten Krieg musste er seine Militärzeit absolvieren. Er war Matrose und hat Fahrten an die westafrikanische Küste gemacht. Es gab eigentlich nicht viel zu tun. Da haben die Matrosen Schach gespielt – immer noch ein Spiel. Dann haben sie wieder auf das Wasser geguckt, wo es nicht viel zu sehen gab. Plötzlich hat mein Vater festgestellt, dass er nachts dauernd vom Schachspiel träumt und gar nicht richtig schläft, sondern sich Züge ausdenkt. Da hat er gesagt: Ich will nicht mehr Schach spielen.

Geht's Ihnen manchmal genauso, bringt das Schachspiel Sie manchmal um den Schlaf?

Möglicherweise habe ich davon ein bisschen geerbt. Mir geht es so, wenn ich mal zwei Partien am Tag gespielt habe und ruhig dasitze – wie wir beide jetzt oder auch mit Gästen –, dann fange ich plötzlich an, mit den Sachen, die auf dem Tisch stehen, Schachzüge zu machen.

Wenn wir jetzt mal Schach spielen, würden Sie hier den kleinen Käsebehälter und die Butter verschieben?

Nein. Ich schiebe nicht. Nur im Kopf.

Was wäre denn das jetzt hier?

Wenn sich jetzt der Milchtopf bewegt, könnte er den Käse schlagen und möglicherweise sogar noch das Brötchen, oder die Wasserflasche macht einen Rösselsprung und geht dann hierher. Also, ich hab nichts bewegt. Das hat keiner gemerkt.

Sind die Figuren oft geflogen? Haben Sie sich gestritten?

O nein.

Das glaube ich nicht.

Sehr viel gesitteter.

Was? Familie Glaser, alle gesittet gewesen? Sich nie gestritten beim Schachspiel? Wer soll denn das glauben?

Beim Schachspiel nie.

Sondern?

Wir haben uns gestritten, bei der Hausarbeit, natürlich. Besonders in der Zeit, als meine Mutter zum Nähen ging und ich die Verantwortung hatte. Wenn ich Arbeiten einteilte – Abwaschen, Abtrocknen, Wegstellen –, da haben wir uns gestritten, und zwar so, dass mein Bruder und ich auch mal aufeinander losgegangen sind. Er gelegentlich sogar mit seiner Querflöte.

Er hat sein Instrument dazu benutzt, der älteren Schwester eins drüberzuhauen? Kulturbanause!

Irgendwann hatte ich die Geschwister dann doch wieder – »Wir müssen das ja machen, was soll Mutti denken, wenn sie heute Abend nach Hause kommt?«

Hatte denn der jüngere Bruder überhaupt eine Chance, körperlich gegen »Schmeling« zu bestehen?

Mit den beiden jüngeren Geschwistern (hintere Reihe, 2. u. 3. v. re.) und Nachbarskindern im Terrassenhof der Großeltern in der Bürgerweide (1928).

Nein, er ist bis zu seinem achtzehnten Geburtstag sehr klein gewesen. Als Baby soll er ein fürchterlicher Schreihals gewesen sein. Und dann, mit achtzehn, begann er zu wachsen, zu wachsen, zu wachsen. Darauf saß aber immer noch sein Kinderkopf. Das hat sich erst mit Beginn seines zwanzigsten Lebensjahrs geändert. Da sah er dann aus wie ein Mann.

Warum nannte man Sie eigentlich »Schmeling«?

Weil ich ziemlich gut zuschlagen konnte.

Hat er sich nachträglich beschwert bei Ihnen über die zu harte Knute der älteren Schwester?

Nein. Er hat ja auch Kontra gegeben. Es endete regelmäßig so: Wenn ich an die Vernunft – die ja auch in Kindern ist –

appelliert hatte, Mutti würde sehr traurig sein oder sich ärgern oder so etwas, dann sind wir sehr vergnügt ans Abwaschen und Abtrocknen gegangen, und dabei haben wir lauthals gesungen. Häufig Kanons.

Richtig mehrstimmig Kanons? Welche denn?

»Meister Jakob« oder »O, wie wohl ist mir am Abend«. Es gibt ja viele Kanons. Von dem Kanonenlied meiner Kleinkinderzeit habe ich Ihnen schon erzählt?

Nein. Ist das Kanonenlied etwa auch ein Kanon?

Nein. Meine Großmutter, die ja schon in der Wohnung, als ich Kleinkind war, die Herrscherin dieser vielen Menschen war, war eine kleine, zierliche, sehr bewegliche Frau. Und seltsamerweise zogen die jungen Männer, die von ihren Töchtern angezogen wurden, häufig das Gespräch mit der Mutter vor. Wenn die Töchter diese Freier irgendwann ganz deutlich abgelehnt hatten, kamen die ehemaligen Freunde – später sogar mit ihren neuen Gefährtinnen – bei meiner Großmutter an. In dieser Runde wurde oft gesungen »Goldene Abendsonne, wie bist du so schön, nie kann ohne Wonne deinen Glanz ich seh'n«. Das sangen die Erwachsenen. Ich habe immer gehört: nie Kanone Wonne deinen Glanz ich seh'n. Ich hab das für mich – so mit vier Jahren vielleicht – das Kanonenlied genannt. Was eine Kanone war, wusste ich auch noch nicht, aber …

… es klang gut.

Ja, und der Erste Weltkrieg war ja noch nicht lange vorbei. Bis ich eines Tages, als ich lesen konnte, mal den Text sah und es mir wie Schuppen von den Augen fiel …

… dass gar keine Kanone drin vorkommt.

Nein. Ich hatte mich inzwischen natürlich gefragt: Was sollen die Kanonen bei der Abendsonne?

Jedes Kind hat irgendeine Sprachverrückung bei irgendeinem Lied.

Unsere Tochter sagte als kleines Kind zu jedem Nebel, der aufstieg: »Ach, guck mal, da ist Nebelwunderbar.«

Für sie war es immer Nebelwunderbar. Ein Gedanke, ein Wort.

Ein zusammenhängendes Wort. Das, was da weiß aufstieg, war der Nebelwunderbar.

Aus »Der Mond ist aufgegangen«.

Dabei finden Helmut und ich die letzte Strophe so anrührend: »So legt euch denn, ihr Brüder, in Gottes Namen nieder. Kalt ist der Abendhauch. Verschon uns Gott mit Strafen und lass uns ruhig schlafen und unsern kranken Nachbar auch.« Ist doch ein hübsches Ende. Das haben wir häufig gesungen, als Susanne noch klein war.

Diese Kultur, viel zu singen, ist geblieben?

Die ist geblieben. Nicht nur viel zu singen, sondern auch viel Musik zu machen. Meine Eltern – obwohl da wirklich nicht viel Geld war – haben mich mit fünf Jahren bei einem Geigenlehrer angemeldet. Ich konnte noch nicht lesen, die Notenschrift konnte ich aber und vom Blatt singen.

Sie konnten vom Blatt singen?

Ja.

Das kann heute kaum noch jemand mit fünf Jahren.

Leider fand der Musiklehrer das auch fabelhaft, sodass ich immer vorgeführt wurde. Das hat dazu geführt, dass ich nicht so fleißig Geige geübt habe.

Was heißt vorgeführt? Sie mussten darbieten?

Ja.

Weil es was Besonderes war.

Wenn Besucher oder andere Schüler da waren, hieß es: »Ach, komm doch noch mal her, guck mal hier, dies Blatt, sing doch mal!«

Hatten Sie ein absolutes Gehör, Loki?

Hatte ich damals. Es verschwindet mit der Zeit. Bei mir ist es mit zehn, elf, weg gewesen. Aber da gibt es natürlich Untersuchungen. Ich meine, mal etwas gelesen zu haben, dass alle Kleinkinder ein absolutes Gehör haben, was sich später gibt.

Die Neurologen, die sich damit beschäftigen, sagen, es gäbe ein Bewusstseinsfenster bei kleinen Kindern im Zeitraum zwischen zwei und vier. Wenn man das anspricht, wenn man das öffnet, sei das absolute Gehör da. Wenn man es weiter fördert, bleibt dieses absolute Gehör.

Das ist das, was ich meine.

Wenn das so ist, ist es ja schade, dass wir bei unseren Kindern das absolute Gehör nicht öffnen, nicht wecken.

Dann müssten es Eltern schon bevor die Kinder in die Schule kommen so machen wie mein Musiklehrer: Noten. Noten lesen und absingen.

Mit Bruder und Schwester musizierend auf einer Familienfeier in Neugraben (um 1940).

Für manche ist Musik ja wie Mathematik im Kopf. Die haben den leichteren Zugang und sagen: Das ist eine Quarte, eine Quinte, eine Sexte – die haben die Notenabstände im Kopf.

Da muss man sich mal ein bisschen intensiver mit Johann Sebastian Bach beschäftigen – was Mathematiker in manchen seiner Kompositionen herauslesen. Ich habe auch mal eine Abhandlung gelesen, in der der Verfasser die Ansicht vertrat, Bach habe es mit dem Kopf konstruiert. Das glaube ich aber nicht.

Man merkt gerade bei den Fugen, dass sie eine mathematische Konstruktion haben.

Bei den Fugen natürlich besonders.

Welche Musik hat Sie am meisten berührt?

Barockmusik insgesamt. Meine Schwester spielte auch Geige. Der Bruder spielte Querflöte. Da hat mein Vater etwa 1934 Noten besorgt von Corelli, einem Italiener, die für ein Quartett umgeschrieben waren. Das waren die ersten Dinge, die wir zu dritt gespielt haben. Um den Hintergrund unserer Musiziererei auch noch zu schildern – wir waren zwar jetzt seit 1930 in der großen Wohnung, aber das größte Zimmer von 16 Quadratmetern war auch das Schlafzimmer von uns drei Mädchen. Wir hatten selbst gewebte Decken über den Betten. In der Mitte stand ein ovaler Tisch, und es war Platz genug, um drei Notenständer hinzustellen. Mein Vater spielte Cello. Während Mutter nebenan in der Wohnküche das Abendbrot zubereitete, machten wir Musik. Wir haben sehr viel Hausmusik gemacht, aber gesungen haben wir meistens beim Saubermachen.

Waren Sie die Mustertochter?

Ich bin die Älteste. Da ergibt sich von selbst, dass man mehr Pflichten aufgebürdet bekommt. Das habe ich nicht reflektiert, das war so.

Punkt, aus.

Ja. Wobei mein Bruder irgendwann eine Schallplatte mitbrachte und mein Vater einen Ton-Teller – er hatte vom Müll manches aufgesammelt und dann einen Plattenspieler zusammengebaut. Darauf konnten wir diese eine Schallplatte spielen. Es war ein kitschiges Lied: »Heimweh nach dir, Virginia«. Das konnten wir alle wunderbar singen.

Können Sie sich noch an den Text erinnern?

»… brennt in der Seele mir, o du mein Heimatland. Nichts auf der Welt lieb ich mehr als Virginia, wo ich als Sklave meine neue Heimat fand. Schwer war die Arbeit, und schwer war'n die Ketten, Jahre um Jahre in der Sonne heiß entbrannt. Nichts auf der Welt lieb ich mehr als Virginia.« Das haben wir gesungen, und einer fuhrwerkte dann mit dem Feger und der andere mit dem Staubtuch.

Eine Sklavenschnulze ist das.

Und wie.

»Im Taubenschlag kann man sich so schön küssen«

Über Freundschaft und erste Liebe

Ostern 1925 sind Sie eingeschult worden. Ein Jahr später hat der Schularzt für Sie die Landverschickung angeordnet …

Die Verschickung, das weiß ich noch ganz genau, ist im Februar 1926 beendet gewesen, und wir waren in Heiligendamm in einem ehemaligen Hotel, etwa 1890 gebaut. Ich vermute, dass wir so hundertfünfzig bis zweihundert Hamburger Kinder waren, von sieben bis fünfzehn, ungefähr. Wir wurden nach Alter platziert, nicht durcheinander. Nach dem Frühstück gab es einen Löffel ranzigen Lebertran, der scheußlich schmeckte. Deshalb haben sogar wir kleinen Kinder uns kleine Brotstücke in den Schlüpfer gesteckt, um die hinterher zu kauen. Die Großen haben uns das vorgemacht.

Weil der Lebertran nicht zu ertragen war?

Ranzig.

Der blieb dann noch stundenlang auf der Zunge?

Ja. Mittags gab es Mittagessen und abends Brot, und alle paar Tage wurden wir gewogen. Tägliche Spaziergänge, tägliche Gymnastik, und zwar nach Altersgruppen. Wir Kleinen kamen in einen leeren Saal – vielleicht war es einst ein Tanzsaal gewesen –, wo nur ein Klavier stand. Wir mussten uns als Erstes – und das war ich überhaupt nicht gewohnt – der Größe nach aufstellen. Nun war ich ja die Größte, also stand ich vorne. Dann ging es los: Die Kindergärtnerin drückte mir eine

Papierfahne in die Hand und sagte: Wir gehen jetzt! Du gehst hinter mir her, und dann schwenkst du immer die Fahne. Dann ging es los mit Klaviermusik – St. Petersburger Reitermarsch. Ich habe das hinterher herausgefunden, weil es mir so geläufig war, jeden Tag dasselbe. Das lief einige Tage so. Dann sagte die Kindergärtnerin zu mir: »Jetzt kannst du mal allein anführen, du weißt ja, wie das geht.« Ich marschierte also voran. Es ging in diesem Saal nur immer im Kreis herum. Nach zwei Tagen habe ich gedacht, jetzt machst du einfach mal was anderes. Ich ging halb herum und dann quer durch den Saal. Das Klavier erstarrte. Die Kindergärtnerin erstarrte. Ich habe zu ihr gesagt: »Das ist so langweilig.« Da hat sie mir zugenickt, und alle Kinder sausten hinter mir her – wir haben schöne große Achten gemacht. Der Fantasie waren bei mir keine Grenzen gesetzt. Das war die ganze Gymnastik. Meiner Großmutter habe ich eine Postkarte geschrieben, die sie jahrzehntelang aufbewahrt hat. Deshalb weiß ich noch heute, was draufstand. Vermutlich hatten meine Eltern die Adresse vorher draufgeschrieben. »Liebe Großmuttel, Heimweh (mit einem ›h‹ am Ende) kwält mich, deine Loki.« Für ein Kind, Ende des ersten Schuljahrs, doch eine reife Leistung.

Wie oft wurden Sie dort vom Arzt untersucht?

Jede Woche. Der Arzt stellte bei mir fest: Die Mandeln sind zu dick, ich müsse ins Krankenrevier. Dort kam ich in einen kleinen Raum. In drei der vier Betten saßen neugierig guckende kleine Jungs. Sie redeten nicht, sondern warteten, bis ich abgeliefert war. Dann gab es eine Kissenschlacht. Ich habe dabei aber das Kissen festgehalten und auf die drei losgedroschen. Danach waren die Verhältnisse klar: Ich wurde als akzeptabel anerkannt. Dann haben die mir erzählt: »Hier ist es prima. Wir bekommen jeden Tag einen ganzen Apfel oder eine ganze Birne für uns allein.« Ich habe gesagt: »Ihr lügt.« – »Du wirst es ja sehen.« Und tatsächlich, wir haben jeden Tag ein ganzes Stück Obst für uns gekriegt. Das war für uns so etwas Ungewöhnliches, dass ich das mein Leben lang behalten werde.

Waren Sie denn ein kränkelndes Kind?

1927/28 und auch später hatte ich häufig mal eine Nierenbeckenentzündung. Eine Wärmflasche hatten wir nicht, darum wärmte meine Mutter einen eisernen Topfdeckel an, der dann in ein Handtuch gewickelt und mir auf den Bauch gepackt wurde. An Medikamenten gab es nur Aspirin.

Wie oft haben Sie in Ihrer eigenen Umgebung Menschen gesehen, die Tbc hatten?

Tb war damals eine Arme-Leute-Krankheit. Die Ärzte redeten immer davon, dass die Kranken möglichst viel Butter essen und viel Milch trinken müssten. Die Gegenfrage war natürlich immer: Wer soll das bezahlen? Tb war weit verbreitet.
1929 ist für mich, was die Medizingeschichte angeht, auch ein wichtiges Datum. Meine Großmutter las in der Zeitung einen Artikel über eine neue Krankheit, die hauptsächlich Frauen nach dem Klimakterium befiel und sich äußerte, indem sie Blutungen bekamen. Die Krankheit hatte auch einen Namen: Krebs. Da meine Großmutter das bei sich entdeckt hatte, ging sie zum Arzt. Der sagte nur: Ist ja zum Lachen, diese modischen Sachen, gehen Sie nach Hause, Frau Martens, das gibt sich wieder. Meine Großmutter ist also nach Hause gegangen, hat sich den Zeitungsartikel noch mal sorgfältig durchgelesen und ging zu einem anderen Arzt. Der hat gesagt: Dass Sie so was lesen, so ein Quatsch! Gehen Sie nach Hause. Aber es hat ihr keine Ruhe gelassen. Nach einer Woche ist sie zu einem ganz fremden Arzt gegangen. Der untersuchte sie kurz und sagte: Ich bin Arzt im Elisabeth-Krankenhaus in der Bethesdastraße, wann können Sie ins Krankenhaus kommen? Meine Großmut-

ter ist ins Krankenhaus gegangen. Ich weiß auch das Datum noch ziemlich genau, denn wir wollten sie besuchen, als meine jüngste Schwester gerade geboren war. Totaloperation. Wie auch immer, sie hat noch sechsundzwanzig Jahre gelebt.

Was haben Sie als Kind gelesen?

Ich durfte mir aus dem Bücherschrank meiner Eltern holen, was ich wollte, nachdem ich verhältnismäßig früh lesen gelernt hatte. Ich habe mir Bücher herausgenommen und erst mal durchgeblättert. Wenn keine Bilder im Buch waren, habe ich es wieder weggepackt. Mit sechs, sieben Jahren ohne Bilder – ne. Ich erinnere noch, dass ich meine Eltern fragte: »Sagt mal, was ist ein Freudenhaus?« Da habe ich meine Eltern das erste Mal verlegen gesehen. Meine Mutter sagte: »Geh mal schnell wieder ins Bett, das erzähle ich dir morgen.«

Wie hat Mutter das am nächsten Tag erklärt?

Das ist ein Haus mit jungen Frauen, die man besuchen kann, und da sind sie alle fröhlich.

Ich kann mir vorstellen, dass Ihre Neugierde damit nicht befriedigt war. Wann haben Sie erfahren, wie es im Freudenhaus wirklich zugeht?

Damals noch nicht. Ich glaube, das war 1934. Es gab eine kleine Straße parallel zur Dammtorstraße mit einem großen, verschlossenen Eisengitter. Ich hatte davon gehört, dass da immer mal Männer um die Ecke gingen. So ganz war mir nicht klar, was sie da genau wollten, aber ich wollte es wissen. Da ich häufig zu Fuß zum Botanischen Garten ging, habe ich den Umweg gemacht und bin in den Kalkhof gegangen: Da saßen Frauen in den Fenstern, die aber noch verhältnismäßig angezogen waren. Eine junge Frau kam auf mich zu und sagte: »Was machst du denn hier?« Ich antwortete: »Ich wollte mir das hier mal angucken.« Sie hat mich mitgenommen, mir irgendwas zu trinken gegeben und gesagt: »Du darfst hier nie wieder herkommen! Es ist nicht gut für dich.«

Sie waren damals vierzehn Jahre alt.

Ja, etwa.

Aber danach wussten Sie mehr.

Danach wusste ich mehr. Man reimt sich vieles zusammen. Diese junge Frau hat mir auch nicht gesagt, was da passiert. Aber dass es etwas mit Mann und Frau zu tun hatte, war mir vorher klar. Ich wollte nur wissen, wie es abläuft.

Hat sie Ihnen das detaillierter erklärt?

Nein.

Und dass sie gesagt hat, du darfst hier nie wieder herkommen, hat Ihnen das einen Schrecken versetzt?

Nein. Aber die ganze Atmosphäre war mir sowieso nicht ganz geheuer.

Haben Sie Ihrem Freund Helmut davon erzählt?

Damals nicht, aber später haben wir natürlich darüber geredet.

Dass Sie im Kalkhof waren?

Dass ich mal sehr selbständig im Kalkhof war. Später ist das Viertel nach St. Pauli gewandert.

Wie war das damals mit der Aufklärung? Was wussten Sie über Sexualität?

Dazu muss ich mal einen kleinen Schlenker machen. Ich habe eine Nichte, die Pastorin geworden ist und kurz vor Weihnachten mit ihren zwei kleinen Kindern bei uns war. Das muss ungefähr vor fünfundzwanzig Jahren gewesen sein. Ich habe ihnen einen Apfel angeboten, einen wunderschönen Apfel, und eine sagte zu mir: »Ne, auf Apfel bin ich nicht geil, hast du nicht Marzipan?« Ich bin fast in Ohnmacht gefallen, weil ich das vorher noch nicht gekannt hatte. Die Mutter guckte mich ganz ruhig an und sagte: »So reden die Kinder heute.« Inzwischen habe ich natürlich lange, lange begriffen, dass die Kinder, die dieses Wort benutzen, den Sinn, den wir dem Wort beigelegt haben, überhaupt nicht kennen.

Das Wort »geil« hat eine große Wandlung erfahren. Heute bedeutet es mehr »das ist super«, »das ist gut«, »das gefällt mir«.

Aber möglicherweise hat es schon einmal einen Wandel durchgemacht, früher hieß es »die Pflanzen vergeilen«. Das ist ein Ausdruck, den ich als Kind kannte. Wenn die Pflanzen nicht genug Licht bekommen, dann werden sie ganz lang, mager, nicht mehr richtig grün, sondern so gelblich. Sie vergeilen. Wie Kartoffelkeime im Keller.

Zumindest ist das Wort »geil« aus dem Kartoffelkeller jetzt ans Tageslicht gekommen.

Ja, das könnte man sagen. Wir wollen mal sagen, vom Kartoffelkeller über das Schlafzimmer nach draußen.

Liebe Loki, wie war es denn mit der Sexualität? Was wussten Sie?

Als Kind natürlich überhaupt nichts. Mit zehn Jahren durfte ich zum ersten Mal auf der Straße in dieser schmalen Terrasse mit den Kindern spielen. Vorher ist meine Mutter mit uns ja immer in einen Park gegangen, aber mit zehn hielten meine

Eltern mich wohl für erwachsen genug, was für mich eine große Freude war. Ich habe nämlich immer ganz neidisch auf die fremden Kinder geguckt. Eine oder einer von denen hat mir dann einmal verraten, dass die kleinen Kinder bei den Frauen da unten rauskommen.

Und war es ein Schock für Sie?

Nein, ein Schock nicht. Eine Sache, die ich mir sehr, sehr lange im stillen Kämmerlein überlegt habe. Dann habe ich meine Weisheitsquellen, nämlich meine Eltern gefragt. Daran sei was Wahres. »Ja, aber das ist doch so klein da unten.« Bald darauf war meine Mutter schwanger, was mich zu Dauerfragen veranlasst hat: »Wie groß ist denn das Baby?« Das hat dazu geführt, dass ich meine kleine Schwester bei der Geburt abgenabelt, aber noch nicht gebadet gesehen habe. Aufklärung im heutigen Sinne ist das nicht gewesen. Mehr habe ich noch nicht erfahren. Dass Jungs und Mädchen verschieden sind, war für mich kein Problem, denn wir liefen in der Wohnung häufiger mal nackt herum. Bei mir als Mädchen war natürlich der Neid groß, dass die Jungs sich hinstellen und pinkeln konnten. Aber das war eigentlich alles.

Dieser Penisneid ist ja so alt wie die Menschheit.

Der neue Roman von Doris Lessing, die gerade den Nobelpreis erhalten hat – »Die Kluft« –, beschäftigt sich ebenfalls ein bisschen mit diesem Sexualneid.
Also eine richtige Aufklärung von einem Erwachsenen haben wir in dem Sinne nicht bekommen. Unsere sehr vernünftige Lehrerin in der Lichtwarkschule hat uns etwas erzählt. Das muss gewesen sein, als wir schon mal mit den ersten Knutschereien in der Ecke anfingen. Sie hat uns mit Lichtbildern lexikonhaft die Genitalorgane von Mann und Frau gezeigt. Mit Lichtbildern, stellen Sie sich das mal vor.

Und Sie haben nur gekichert die ganze Zeit.

Na klar. Das war einfach ungeschickt. Und es war vor allen Dingen ja gar nicht üblich. Insofern war sie eigentlich sehr fortschrittlich, indem sie offenbar gedacht hat: Ehe die Kinder ans Lexikon von Vater und Mutter gehen, kann ich ihnen das auch sagen. Aber es war eine sehr nüchterne medizinische Darstellung.

Haben Sie mit den anderen untereinander nicht weiter geredet darüber?

Nein. Ich habe mir ein Lexikon geholt.

Von zu Hause oder aus der Schule?

Von zu Hause.

Und da stand alles drin.

Jedenfalls das Medizinische. Da musste man sich den Rest zusammenreimen.

Ja, aber dafür sind doch Mutter und Vater da, besonders die Mutter, die einem noch ein bisschen was erzählt. War das nicht?

Nein.

Mutter hat nichts gesagt?

Nein, aber Mutter hat dafür gesorgt, dass ich das kleine Baby, meine jüngste Schwester, kurz nachdem es die Mutter verlassen hatte, sehen konnte. Das war ihre Aufklärung, wenn Sie so wollen, die Aufklärung meiner Eltern. Es war 1929, für die Zeit ist das doch fabelhaft.

Das praktische Erleben.

Ja. Und dass es unangenehm ist, wenn das Baby durch diesen, wie ich meinte, viel zu kleinen Ausgang rausgeht, das habe ich ja gehört. Sie haben recht, meine Eltern waren in vieler Hinsicht so, dass man das praktisch erleben musste. Dieses hier ist jetzt ein Beispiel. Wie das mit Klassenkameradinnen und Klassenkameraden war, weiß ich nicht. Darüber wurde nicht geredet. Um das noch fortzusetzen: Als ich schon Lehrerin war, sagte ein Lehrer, zu dem ich ein sehr herzliches Verhältnis hatte, zu mir: »Meine Güte, was mache ich bloß, meine Mädchen tuscheln immer.« Die waren vierzehn, fünfzehn. Er hatte also eine Mittelschulklasse. Da habe ich gesagt: »Wahrscheinlich kriegen sie ihre Tage, oder vielleicht haben sie was gehört.« Wir haben uns dann Folgendes vorgenommen: Er sollte in meine – ich glaube, ich hatte damals gerade eine erste Klasse – und ich in seine Klasse gehen. Sexualkundeunterricht gab es ja noch nicht, sondern ich machte Handarbeitsunterricht. Beim Kreuzstich für die Jahresarbeit würde ich mich mit ihnen unterhalten. So haben wir das auch gemacht. Dann habe ich ganz leise angefangen: »Wenn man seine Tage hat und keinen Turnunterricht macht, eigentlich schade« und so weiter. Es hat nicht sehr lange gedauert, bis ich ausgefragt wurde von den Mädchen. Warum jeden Monat? Das konnte ich nicht korrekt, das kann ich auch heute noch nicht korrekt beantworten, aber dass das ganze Leben in gewissen Wellenbewegungen abläuft und dass das bei jedem so ist und was da passiert, vor allen Dingen, warum die Blutung kommt, das habe ich ihnen erzählt. Wir haben uns also jedes Mal in der Handarbeitsstunde sehr angeregt unterhalten, und nach dem dritten oder vierten Mal kamen die Mädchen: »Ich habe das meiner Mutter erzählt, und die fragt …«, und dann kamen die Fragen von den Müttern.

Nun waren Sie als Schülerin ein bisschen größer, Sie waren körperlich weiter als die Jungs. Haben die Jungs sich denn rangetraut an Loki?

O ja, wir hatten ja noch Griffelkästen, in denen später dann nie Griffel waren, weil wir auch nie eine Tafel hatten, sondern Bleistifte; darin fand ich einen Zettel: »Willst du mit mir gehen?«

Und wie hat Loki geantwortet?

Das weiß ich nicht mehr. Jedenfalls waren wir hinterher befreundet. Ein sehr musikalischer Klassenkamerad, mit dem Helmut und ich eigentlich bis zum Abitur zusammen waren. Nachher ist er irgendwie nach Süddeutschland gekommen.

Der traute sich schon mal eine Nachricht zu schicken: »Willst du mit mir gehen?« Und dieses Gehen bedeutete was?

Das bedeutete damals, sagen wir, so mit zwölf, dreizehn, durchaus auch, dass man auf der Klassenreise – wir machten ja jedes Jahr eine Klassenreise – irgendwo mal zusammenhockte und schön knutschte. Aber meine erste Knutscherei hat sich viel eher ereignet, das muss im zweiten Schuljahr gewesen sein. Ich hatte einen Klassenkameraden namens Richard, bei dem ich häufiger nachmittags war. Meine Eltern hatten ja nichts dagegen, und meine Mutter fragte mich mal: »Was treibt ihr denn da immer so?« – »Ja, die haben einen Taubenschlag.« Die hatten mitten in der Stadt einen richtigen Taubenschlag.

Sehr verdächtig, da oben im Taubenschlag.

Genau, so war das. »Da kann man sich so schön küssen«, habe ich meiner Mutter gesagt.

Und die Tauben turtelten dazu.

Wahrscheinlich.

Das war in der zweiten Klasse.

Aber die Liebe war nur sehr kurz.

Wie alt waren Sie denn beim ersten Knutschen?

Mit sechs wird man eingeschult. Sieben, acht.

Konnte der kleine Junge denn gut küssen?

Vielleicht hat mir gereicht, dass ich jemanden knutschen konnte. Ich weiß das nicht mehr. Es ging aber über das Knutschen überhaupt nicht hinaus. Als unsere Lichtwark-Lehrerin – die mit den Lichtbildern – merkte, dass wir auf Kindergeburtstagen sehr häufig Flaschendrehen spielten, fand sie das nicht gut. Wo der Flaschenhals hinzeigte, da musste irgendwas passieren, und bei uns passierte nur, dass man sich küssen musste. Stundenlang auf Kindergeburtstagen. Sie hat uns dann grüppchenweise zu sich nach Hause eingeladen und mit uns – ich sage mal – anständige Spiele gespielt, zum Beispiel Wattepusten und Sachen, über die wir eigentlich längst hinaus waren.

Dann kommt ja irgendwann der Punkt, wo es ein bisschen ernster wird und man auf Klassenfahrt mit dem Tanzen beginnt oder sich irgendwo zurückzieht zu zweit und versucht, sich selbst ein bisschen zu entdecken …

Sie meinen jetzt das körperliche Entdecken? Sie dürfen eines nicht vergessen: Ich war ja sehr, sehr eingespannt. Erst einmal hatte ich einen langen Schulweg, für Hamburg eigentlich ungewöhnlich. Ich hatte eine Stunde Schulweg hin, eine Stunde zurück. Mein Vater war arbeitslos, meine Mutter ging von morgens bis abends – manchmal kam sie erst um acht Uhr nach Hause – zum Nähen. Sie verdiente fünf Mark am Tag und brachte alte Sachen mit und manchmal auch noch was zu essen. Einer musste ja für die zwei Jüngeren – die dritte war noch ganz klein und wurde bei einer Tante abgeladen – kochen. Wenn die aus der Schule kamen, hatten sie Hunger. Mein Bruder war eineinhalb Jahre jünger, meine Schwester zweieinhalb Jahre.

Sie mussten dann zu Hause dafür sorgen, dass was auf den Tisch kam?

Ich habe gekocht. Ich bin nach Hause geflitzt und habe gekocht. Wenn in der Schule nachmittags noch irgendwas war, bin ich wieder losgelaufen, Orchester zum Beispiel, oder ich habe in der Schule auch Teppichweben gelernt und so etwas.

Das heißt, die wirkliche Begegnung mit jungen Männern gab es erst später?

Ja, dazu hatte ich keine Zeit. Ich war ja immer von jungen Männern umgeben.

War denn irgendwie diese Aufmerksamkeit zu Helmut schon da in der Zeit? Ein besonderer Typ in der Klasse war er doch?

Ja, aber nicht aus körperlichen, sexuellen Gründen, sondern – wie kann man das mal nennen – wegen der vielen Gespräche, die wir geführt haben. Aber über so etwas haben wir uns auch nicht unterhalten.

Das war damals tabu?

Nein, nicht dass es tabu war, ich habe mehr das Gefühl, es war noch nicht dran. Ich habe mich dann allerdings mit sechzehn in einen zwei Jahre Älteren verliebt, den wollte ich auch heiraten.

Wild entschlossen?

Entschlossen von beiden Seiten eigentlich.

Der zwei Jahre Ältere kam woher, wo lebte der? War er auf der Schule?

Nein, er war schon aus der Schule, er hat mittlere Reife gemacht und wollte Gebrauchsgraphiker werden, und das ist er auch geworden. Später hat er viel gemalt. Er war mit der

Boberger Dünen 1929: Erster Klassenausflug mit der Lichtwarkschulklasse. Die Jungs zum Teil mit »Schülermützen«, deren Bänder je nach Klassenstufe unterschiedlich gefärbt waren.

Familie meiner jüngsten Schwester und einer dazugehörigen Tante sehr befreundet. Mir hat er irgendwann – ich glaube, schon vor Kriegsende – gesagt: Nö, er habe da jemand anders kennengelernt. Aber zu Tode betrübt war ich nicht, höchstens ein bisschen traurig. – Nach dem Krieg haben wir uns noch einmal wiedergetroffen. Da war Susanne aber schon da. Ich weiß noch, dass ich ihn einmal – er wohnte in den Grindel-Hochhäusern – mit Susanne besucht habe, aber das war sehr freundschaftlich. Natürlich hat man sich einen Kuss gegeben, aber ich hatte ja meine Familie. Das war mehr eine freundliche Erinnerung an längst vergangene Zeiten.

Was hat er später gesagt zu der verlorenen Liebe, die er selbst aufgegeben hat?

Er ist verhältnismäßig früh an einem Nierenleiden, das er sich im Krieg zugezogen hatte, gestorben. Er und seine Frau sind nach dem Krieg nach Amerika ausgewandert, er ist dann wieder zurückgekommen. Ein Sohn hat mich einmal besucht. Vermutlich hat der Vater mal was von mir erzählt.

Wie lange kennen Sie Ihren Mann jetzt?

Wir sind zusammen in die Sexta gekommen. Wir haben uns vor achtzig Jahren kennengelernt ... Also, wenn ich richtig rechne, 1929.

Wann wurde denn aus der Freundschaft Liebe?

Na, wir wollen mal sagen, Freundschaft ist ziemlich zu Anfang schon entstanden, obwohl ich die Längste in der Klasse war und mein Mann einer der Kleinsten, aber wir haben immer gesagt, wir können uns so schön zanken. Das Wort »diskutieren« benutzte man früher nicht. Wir haben uns über Gott und die Welt unterhalten, und das ist ja wohl eine Grundlage für eine Freundschaft. Den ersten Kuss habe ich – glaube ich – gekriegt, als mein Mann fünfzehn war.

Sie haben mal gesagt, Ihr Mann sei ein Spätblüher gewesen. Nicht gerade charmant.

Er war doch ein ganz Kleiner, einer der Kleinsten in der Klasse.

Also eine Pflanze, die man mit viel Geduld schützen muss.

Ach nein, die Pflanze Schmidt ist ganz gut allein gewachsen. Irgendwann hat er mich ja in der Größe auch eingeholt und sogar ein wenig überholt.

Sie haben gesagt, Sie hätten damals immer diskutiert über den Unterschied zwischen Gefühl und Verstand. Waren Sie sich einig, was wichtiger ist?

Darüber konnten wir endlos miteinander reden. Wenn man sich gut mit jemandem – sagen wir mal – freundschaftlich streitet, nimmt man ja bewusst eine noch extremere Position ein, damit es ordentlich kracht. Und so ist es bei uns natürlich auch gewesen. Dass man nicht nur mit einem Gefühl leben kann, das brauchte man mir damals nicht zu sagen.

Wie genau lief diese Auseinandersetzung über die Bedeutung von Gefühl und Verstand ab?

Ich weiß nur, dass wir endlos darüber geredet haben, versucht haben, es auf den Alltag zu übertragen, aber das wurde nie so ganz was. Am Ende sind wir aber immer sehr freundschaftlich auseinandergegangen.

»Man roch beinahe, wo man vorsichtig sein musste«

Leben im Nationalsozialismus

Wieweit waren Ihre Eltern über das aktuelle politische Leben informiert?

Meine Eltern waren interessiert und etwas informiert, aber sie informierten die Kinder nicht. Wir sind 1931 umgezogen. Von den Unruhen, die 1933 einsetzten, haben wir noch nichts gemerkt. Politische Unterhaltungen mit uns in der frühen Zeit hat es nicht gegeben. Allerdings habe ich meine Eltern um die Zeit herum gefragt, ob sie irgendwann einmal in einer politischen Partei gewesen waren. Beide berichteten mir, dass sie kurz nach dem Ersten Weltkrieg, als sie eben verheiratet gewesen waren, in die USPD eingetreten seien. Sie seien aber bald wieder ausgetreten, weil das kleinliche Hickhack sie sehr gestört habe. Sie sind dann auch nie wieder in eine Partei eingetreten. Ihre innere Einstellung war aber, soweit ich es damals beurteilen konnte, linkssozialistisch. Dadurch sind wir, ihre vier Kinder, niemals von Proklamationen und Aufrufen der Nazis beeinflusst worden. Trotzdem bin ich ja in den BDM eingetreten, um in der Schule bleiben zu können.

Wie sah denn Ihre BDM-Uniform aus?

So wie alle anderen auch. Nur dass meine Mutter sie mir genäht hatte, weil wir kein Geld hatten.

Dunkelblauer Rock.

Genau. Und eine weiße Bluse und dazu diese komische braune Jacke, die wir »Affenjacke« genannt haben.

Wieso hieß die »Affenjacke«?

Ich weiß nicht mehr, woher das kam. Man durfte das natürlich auch nicht laut sagen. Die Uniform zog man an, wenn man auf der Straße für irgendwas sammelte.

Waren Sie mit einer Büchse unterwegs?

Ja, fürchterlich. Da habe ich mich wirklich geschämt.

Die BDM-Mädchen wurden ja auch losgeschickt, um für die Auslandsdeutschen zu sammeln.

Und da gab es blaue Kerzen.

Das heißt, man bekam eine blaue Kerze, wenn man Geld gab?

Ja.

Warum haben Sie sich geschämt?

Leute anzubetteln ... Gott sei Dank waren wir zu zweit, und die andere fand das auch nicht schön. Manchmal haben wir den Leuten zwei der kleinen Blümchen gegeben, die man als Dank bekam, sodass wir unsere Blümchen bald los waren. Zum wöchentlichen Dienst habe ich meine Bratsche mitgenommen und gespielt, wenn wir gesungen haben.

Sie wollten unbedingt ins BDM-Orchester?

Von dem Orchester wusste ich vorher nichts. Eine Führerin fand, ich sollte in das BDM-Orchester kommen. Das war ein Glücksfall. Die Dirigentin war eine fabelhafte Musikerin, Frau Janssen. Ich habe nach dem Krieg versucht, sie ausfindig zu machen, da lebte sie aber nicht mehr. Ich habe aber Freunde von ihr getroffen und weiß daher, dass sie nach dem Krieg einen Musikkreis aufgebaut hat. Gisela Janssen sah immer etwas

Die Musikerin
Gisela Janssen
in späteren Jahren.

lummerig aus, sie dirigierte nämlich sehr schwungvoll, und da rutschte ihr das ...

... Mieder immer raus.

Das Mieder nicht, die weiße Bluse, die hing so halb aus dem Rock heraus. Wenn jemand sehr temperamentvoll dirigiert, bleibt die Bluse dabei nicht im Rock. Das ordnete sie gelegentlich mit einem schnellen Griff. Sie sah also nicht aus wie aus dem Ei gepellt, hat aber immer dafür gesorgt, dass wir alle in Uniform kamen, hat also auf Äußerlichkeiten geachtet, damit sie das machen konnte, was sie wollte, nämlich Musik, die mit den Nazis überhaupt nichts zu tun hatte.

Da wir eben bei der Uniform waren – wie hat denn Ihr Vater reagiert, als er Sie das erste Mal in der BDM-Uniform sah?

Mein Vater konnte wunderbare Fratzen schneiden.

Da hat er eine besonders große und fiese Fratze gezogen?

Ja, aber es wurde nicht weiter darüber geredet, denn meine Eltern wussten, dass mein weiterer Schulbesuch davon abhing. Gisela Janssen hat übrigens ausdrücklich verboten, dass irgendein privates Wort, worüber auch immer, gewechselt wurde, wenn wir uns trafen, um zu proben und zu musizieren.

Sie wollte Sie damit nicht in Verlegenheit, nicht in Gefahr bringen?

Sie wollte die Politik aus der Musik heraushalten. Deshalb wurde nur über Musik gesprochen und nicht über Politik.

Das ist aber außergewöhnlich.

Sie war eine außergewöhnliche Frau. Auch wenn harmlose Privatgespräche angefangen wurden, fuhr sie sofort dazwischen. Von dem Augenblick an, da man den Raum betrat, wurde stramm gearbeitet, und das Orchester war wirklich ganz gut. Natürlich mussten wir auftreten.

Wo fanden die Auftritte statt?

Bei irgendwelchen Feierlichkeiten. Wir haben nur Barockmusik gespielt, Händel, vor allen Dingen Bach, auch mal Italiener. Sie war pingelig. Sie war musikalisch so besessen, dass sie so lange mit uns geübt hat, bis es in ihren Ohren perfekt klang. Es war ein Vergnügen, in diesem Orchester zu spielen. Für mich war es, das habe ich erst später richtig begriffen, eine Art Schutzschild. In den Studentenbund eintreten? Nein, ich bin ja im BDM-Orchester. In die Partei eintreten? Das kommt gar nicht in Frage, ich bin ja im BDM-Orchester.

Das heißt, in dieser kleinen Schutzzone wurde nur über Musik geredet. Gab es auch Flaggenappelle?

Nein. Das Einzige war, dass wir einmal bei einem Sonnenwendfeuer dabei waren, das sich etwas unvorhergesehen ausbreitete. Ich habe mir irgendwelche Zweige genommen, während die meisten Mädchen – »Huch, nein« – wegliefen.

Da haben Sie den Löschmeister, die Brandmeisterin gespielt?

So ungefähr.

Gab es einen Familienrat, der tagte und die Frage stellte: Soll sie in den BDM gehen, oder soll sie nicht gehen?

Genau so war es. Wir waren alle der Meinung, das kann ja nicht ewig dauern mit den Nazis.

Irgendwann besuchte Adolf Hitler Hamburg. Die Schulen blieben an diesem Tag geschlossen, weil alle Schüler vom Flughafen bis zur Innenstadt Spalier stehen sollten. Wo standen Sie?

Irgendwo an der Alsterdorfer Straße, also dicht am Flugplatz. Ich hatte mir fest vorgenommen: Du nimmst nicht die Hände hoch und schreist. Ich war fest entschlossen. Und dann brauste es. Und plötzlich merkte ich: Du hast die Hand oben. Ich habe mich so wahnsinnig geschämt. Das habe ich meinem Vater erzählt, der mir dann einen langen Vortrag über Massenpsychologie gehalten hat. Gustave Le Bon war ein Arzt und Gelehrter, der sich unter anderem mit Massenpsychologie auseinandergesetzt hat. Das hat mein Vater mir sehr nüchtern erklärt und anschließend zu mir gesagt: »Du brauchst dich nicht zu schämen, du bist einfach mitgerissen worden, und nun vergiss es.«

Woher wusste Ihr Vater so viele Dinge? Wenn Sie über Ihren Vater erzählen, hat man den Eindruck, er war ein Bildungsbürger, ein Intellektueller, dabei war er Handwerker.

Meine Mutter wusste genauso viel. Die wären nach dem Krieg oder heute natürlich beide in eine höhere Schule gekommen. Nur – selbst zu meiner Zeit – war die höhere Schule für einen Normalsterblichen völlig unerschwinglich. Selbst mein Mann, dessen Vater Berufsschullehrer war, bekam eine gewisse Ermäßigung. Daran können Sie ermessen, wie hoch das Schulgeld war. Bei meinen Eltern lag es außerhalb der Möglichkeiten.
In Hamburg gab es schon vor dem Ersten Weltkrieg eine Aufbauklasse für intelligente Kinder, die »Selekta« hieß. Wenn Sie mal Lebenserinnerungen von Menschen – natürlich häufig Sozis – eine oder eine halbe Generation vor mir lesen, steht da manchmal mit einem gewissen Stolz: »Ich war Schüler der Selekta.« Auch mein Schwiegervater und meine Eltern waren in der Selekta, das heißt, die Lehrer hatten damals schon gemerkt, dass sie nicht doof waren. Das Hamburger Volksschulwesen war schon vor dem Ersten Weltkrieg sehr fortschrittlich gewesen. Viele Schulen hatten Schulheime. Es gab Wandertage und Unterricht im Freien, vor allem war schon vor Anfang des Jahrhunderts, noch in der Kaiserzeit, für begabte Kinder, die aus finanziellen Gründen nicht die Gymnasien besuchen konnten, die Selekta eingerichtet worden, ein zusätzliches Schuljahr nach der achtjährigen Volksschulzeit.

Es gab ja 1933 eine Veränderung an Ihrer Schule. Der Schulleiter wurde ausgewechselt. Herr Zindler wurde jetzt Direktor.

Erwin Zindler ist Ende 1933 oder Anfang 1934 gekommen. Und natürlich haben wir ihn zuerst gehasst oder zumindest abgelehnt – ich will mal so sagen: Er hat sich merkwürdig eingeführt.

Sie hielten ihn für einen bestellten Schulleiter der Nazis?

Genau das. Er hat aber selten gemacht, was in den offiziellen Akten stand, regelmäßige Flaggenparade und so etwas.

Irgendwann gab's Post von Schulleiter Zindler ...

Meine Eltern haben einen Brief bekommen, dass ich nun von der Schule abgehen müsse. Daraufhin schrieb meine Mutter einen Brief, den einzigen Brief, den sie in ihrem Leben mit »Heil Hitler« unterschrieben hat. Sie fragte, ob es nicht eine Möglichkeit gebe, dass ich in der Schule bliebe. Direktor Zindler hatte Vertrauen zu mir, aus welchen Gründen auch immer. Der Schulleiter und das Kollegium, das uns unterrichtete, haben zusammengesessen und gesagt: Die Loki Glaser soll in der Schule bleiben. Als Schulleiter musste Zindler das ja bei der Behörde durchsetzen. Deswegen ist er zu mir gekommen und hat gesagt: »Kannst du nicht einmal mit deinen Eltern sprechen, ob du nicht in den BDM gehen und deine Frisur ändern kannst?« Er wollte, wenn er das in der Behörde beantragte, natürlich sagen können: Das ist aber ein braves Mädchen.

Warum war Ihre Haartracht verdächtig?

Weil ich aussah wie ein kleiner Chinese.

War Ihr Haarschnitt so wie heute?

So ungefähr. Es ist mir noch vor vier, fünf Jahren passiert, dass man mich für eine Chinesin hielt. Es waren zwei kleine Kinder, erste oder zweite Klasse, ein Junge und ein Mädchen, und plötzlich zupften sie mich am Ärmel und fragten: »Bist du ein Chinese?«

Was haben Sie geantwortet?

»Nein, ich bin kein Chinese.« – »Aber du siehst so aus.« – »Trotzdem, ich bin eine Hamburgerin.« Na ja, dann sind sie weitergegangen. Es war so rührend. »Bist du ein Chinese?« – so von unten hoch.

Haben Sie herausgefunden, wo dieses Asiatische in Ihrem Gesichtsausdruck seinen Ursprung hat?

Natürlich hat mich als junge Frau interessiert, woher dieses – sagen wir mal – »Ostische« kommt, aber es ist gar nicht so besonders.

Kommt's von Mutter oder Vater, das »Ostische«?

Das kommt von meinem Vater. Meine Großeltern väterlicherseits stammten aus Klöven und Wilsnack. Das sind zwei kleinere Orte in Mecklenburg, wo noch strenge Sitten und Gebräuche herrschten: Der Älteste übernahm den Hof, und die anderen mussten sehen, dass sie irgendwie einen Beruf erlernten. Ich habe noch eine Fotografie von meinen Großeltern anlässlich ihrer goldenen Hochzeit. Wenn Sie meinen Großvater da sehen mit weißen Haaren – Dschingis Khan oder so ähnlich. Ein ausgesprochen östliches Gesicht. In dem Gebiet lebten ja die Sorben und Wenden, die aus dem Osten stammen. Daher kommt es.

Ihr Aussehen, Ihr Kopf und Ihr Haarschnitt waren so verdächtig, dass man eines Tages Ihren Schädel messen wollte, um herauszukriegen, was für ein Menschentyp Sie sind. Wie hat man das gemacht in der Schule?

Das war etwas anders. Solche Schädelmessungen sollten im Geschichtsunterricht vorgenommen werden. Unser Klassenlehrer kam also vergnügt mit einer Schublehre an und sagte: »Im Rassenunterricht müssen wir über die verschiedenen Typen, die es hier in Europa gibt, reden, und ich habe hier mal so ein Gerät mitgebracht. Da können wir dann sehen, von welcher Rasse ihr seid.«

Und dann musste die Chinesin herhalten?

Nein. Dann haben wir alle gesagt: »Hafi muss als Erster gemessen werden.«

Wer?

Ein Klassenkamerad.

Der Hafi?

Der übrigens noch lebt, Hans-Friedrich. Er war der blonde, große, blauäugig strahlende Held. Natürlich haben alle gesagt, der muss zuerst gemessen werden.

Der strahlende Held wurde zuerst gemessen – blond, stark, blauäugig.

Aber nicht rein »arisch«, mehr westlich. Dann kamen einige andere an die Reihe. Wir hatten noch keinen arischen Schädel ausgemacht, zehn waren ungefähr gemessen. Dann sagte unser Klassenlehrer: »So, jetzt wollen wir mal Loki messen.« Und siehe da, meine Maße waren rein arisch. Das hat er laut verkündet – in der Klasse brach natürlich brüllendes Gelächter aus. Das war die einzige Stunde, die wir zu dem Halbjahresthema »Rassenkunde« überhaupt hatten.

Mit dem Resultat: Die »Chinesin« ist arisch.

Mit dem Resultat, dass wir alle begriffen, dass das Ganze großer Quatsch war. Das hat zwar keiner gesagt, aber das Gelächter – auch unseres Lehrers – hat es deutlich genug gezeigt.

Wann wurde Ihr Vater arbeitslos?

1932. Er half – wie andere arbeitslose Väter auch – in unserer Volksschule, Burgstraße 35. Vor allem entwarf er eine zusammenschiebbare Bühne für die Turnhalle. Das Material kauften die Lehrer, den Bau zimmerten die Väter. Nun konnte in der Turnhalle auch Theater gespielt werden.
1934 hatte mein Vater Aussicht auf Arbeit in Berlin. Meine Mutter beschloss, mit uns vier Kindern und einem Freund der Familie in den Sommerferien auf dem Vorland von Neuwerk zu zelten.

Wie lief das ab?

Ein Abenteuer. Zeltplanen, ein kleiner Spirituskocher und etwas Geschirr waren schnell zusammengestellt. Mit dem Zug ging es bis Cuxhaven und von dort zu Fuß mit dem Gepäck zu den Wattwagen. Alles Gepäck stapelte der Fahrer auf den Wagen, obendrauf saß meine jüngste Schwester, die damals fünf Jahre alt war und den Weg durchs Watt noch nicht machen konnte. Wir anderen liefen hinter dem hochrädrigen Wagen her. Auf dem Vorland, nah am Deich, fanden wir eine trockene Stelle. Die nun folgende Zeit war herrlich. Wir kauften Milch, Kartoffeln, Butter. Aber vieles sammelten wir auch aus den Prielen. Mit einer alten Windel fischten wir Krabben, oder wir machten »Buttpetten«: Man ging vorsichtig durch den Priel, und wenn es unter dem Fuß zappelte, musste man schnell zugreifen und hatte einen Butt. Leider gab es nach einigen Wochen eine Springflut, und das ganze Vorland stand unter Wasser. Nachdem wir unsere Sachen auf den Deich gerettet hatten, sammelten wir in einem Pappkarton Möwenjunge aus dem Wasser und setzten sie auf den Deich. Einige Möwen kümmerten sich gleich um ihre Kinder. Bis zur Heimreise kamen wir in einem halbleeren Kuhstall unter.

Haben Sie während der Nazizeit immer gewusst, zu wem Sie Vertrauen haben konnten und zu wem nicht?

Das ist eine Sache, die ich schon verschiedenen Menschen zu erklären versucht habe, wobei ich weiß, dass das schwierig ist. Ich habe das immer den »sechsten Sinn« genannt. Wenn man in einen Raum mit fremden Menschen kam, wusste man spätestens nach zehn Minuten, mit wem man etwas offener reden konnte. Man roch beinahe, wo man vorsichtig sein musste und unterließ Kritik, während man bei anderen auch mal ein negatives Wort sagen konnte. Diesen sechsten Sinn haben, glaube ich, viele, die nicht »Hurra« und »Heil« geschrien haben, entwickelt. Jetzt braucht man ihn zum Glück nicht mehr.
Wenn wir uns später im Lehrerkollegium unterhalten und schimpfen wollten, hieß es immer: »Wollen wir nicht mal spazieren gehen?« Das ist übrigens bei anderen auch so gewesen, wie ich später erfahren habe. Die Angst, dass irgendjemand zuhörte, war so groß, dass man nach draußen ging, wo keiner mithören konnte. Wir gingen spazieren und haben geschimpft über alles – dass man nicht frei reden konnte, dass man sich diesen Quatsch anhören musste, dass man möglicherweise grüßen musste.

Bevor das Studium an der Hochschule für Lehrerbildung begann, mussten Sie erst einmal zum Arbeitsdienst. Wie sah der aus, und wo haben Sie ihn absolviert?

In Hagenow-Stadt war das Heim. Das muss ein altes kleines Herrenhaus gewesen sein. Ich glaube, wir waren vierzig »Maiden«. Zwanzig sind mit mir zusammen gekommen, zwanzig waren schon da. Die zwanzig, die mit mir zusammen gekommen sind, waren fast alle Abiturientinnen, die den Arbeitsdienst machen mussten, sonst konnte man nicht studieren.

Und wie sah der Arbeitsdienst dann aus?

Morgens gab es Frühstück, Brot mit Marmelade, ich weiß nicht, ob wir auch mal ein Butterbrot bekommen haben. Und

Plörrkaffee. Die Lagerführerin hatte schon organisiert, wer zu welchem Bauern kommt. Wir haben hauptsächlich ein Siedlungsgebiet betreut.

Also die Tätigkeit war letztendlich die, den Bauern zu helfen?

Die Tätigkeit bestand darin, Hilfskraft für den Bauern oder seine Frau zu sein. Einige hatten Glück, die halfen nur der Frau bei der Kinderversorgung, natürlich Wäschewaschen und Ähnliches. Einige – ich gehörte, Gott sei Dank, dazu – halfen sehr viel auf dem Feld.

Wie lange dauerte dieser Arbeitsdienst?

Ein halbes Jahr. Wir erhielten pro Tag 20 Pfennig. Dort habe ich meinen ersten Mais gesehen, das muss man sich heute einmal vorstellen. Ein Bauer war ein bisschen neugierig fortschrittlich und hatte sich Mais besorgt. Nur war der Mais anders, als er heute ist. Er war über zwei Meter hoch und wurde in Reihen gesät, aber in breiterem Abstand als heute, und dazwischen wurde gehackt. Maishacken war das Schönste, was man sich vorstellen konnte. Kein Mensch weit und breit, bloß Vögel über einem, Maisblätter weit über einem, und wenn man da durchging – es war ja dann schon ein bisschen wärmer, man hatte nackte Arme –, wurde man gestreichelt von den Maisblättern. Das war das Erste, was ich meinen Eltern erzählte: »Stellt euch vor, da wächst Mais.« Sie hatten auch noch nie ein Maisfeld gesehen.

Maisfeld – ein romantischer Platz, um sich mit einem jungen Mann zu verstecken.

Nein, da wurde gearbeitet. Es gab aber einen Heiratsantrag. Der junge Mann drückte mir einen Kuss auf die Backe. Ich

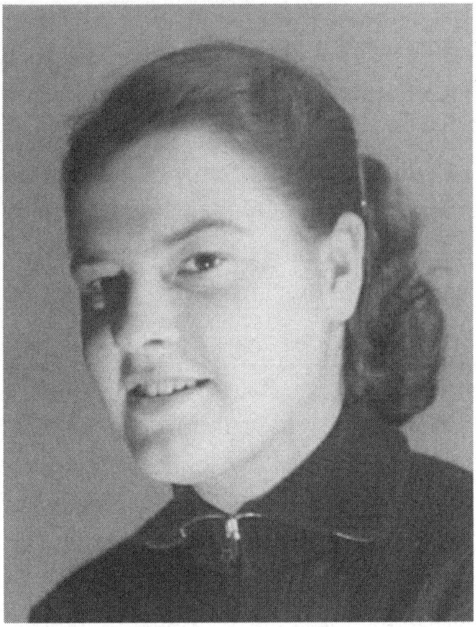

In der Zeit des Arbeitsdienstes 1938.

wollte aber nichts von ihm wissen, seine Mutter hat das sehr bedauert.

Und wie hat er ihn gemacht, den Heiratsantrag?

Er hat ungefähr allen Arbeitsmaiden einen Antrag gemacht.

Er wollte alle heiraten?

Eine wollte er nur, aber keine wollte ihn. Deswegen war das nicht ernst zu nehmen. Ernst zu nehmender war – Sie kennen ja meine Neugierde – die Begegnung mit den Fischern, die ihre Netze flickten. Mich interessierte das. Im Sommer, in dem ich einige Jahre lang jeweils ein paar Wochen in dem Schulheim meiner alten Volksschule verbrachte, habe ich, auch noch als Studentin, den Fischern beim Netzeflicken geholfen.

Und in Hagenow hat der Fischer sein Netz gleich ausgeworfen?

Ich habe mir das Netzeflicken angeguckt und gefragt, ob ich auch einmal flicken dürfe. Ich durfte. Ich stellte mich auch nicht dumm an, sodass die Fischer untereinander – die Männer hielten ja zusammen – beschlossen, mir wirklich kaputte Netze, die mal in eine Schraube geraten waren, zu geben. Ich habe also viele Netze geflickt, wenn ich Zeit hatte. Dann haben sie mich auch mal gefragt, ob ich mit rausfahren wolle. Die Netze wurden abends ausgelegt und morgens eingeholt.

Dann sind Sie rausgefahren mit den Fischern?

Ich bin morgens früh mit rausgefahren, das ging um sechs Uhr los, mit tuck-tuck-tuck. Beim Netzeeinholen musste man ordentlich arbeiten. Einer blieb am Ruder sitzen, und die anderen – und ich auch – fingen schon an, Fische aus dem Netz zu holen und zu sortieren. Wenn wir an Land kamen, waren alle Netze fischfrei, und die Fische waren sortiert. Dann gingen wir ins »Strandlust«, ein Hotel. Dort tranken wir einen Rumgrog. Danach musste ich eilen, dass ich wieder zurück ins Heim kam. Ich konnte wirklich perfekt Netze flicken, das habe ich bei denen gelernt.

Wie waren denn damals die Chancen des jungen Mädchens Loki Glaser?

Welche Chancen? Kuddel Kruse, der Geduldigste der Fischer, hat mir kurz vor dem Krieg – da war ich schon Studentin – mal gesagt: »Eigentlich könnten wir doch heiraten, du kannst so schön Netze flicken.« Er hatte einen der Kähne auch schon Loki genannt.

Das ist dann wohl eine Liebeserklärung …

Das muss ich nun doch noch erzählen. Ende 1990, vielleicht vor zehn Jahren, wollte ich mal wieder an die Ostsee und das Heim begucken und wie es da jetzt aussieht. Es hat sich nicht viel verändert. Es saß nur noch ein einziger alter Fischer da. Ich habe mich erkundigt. Kuddel Kruse, das wusste ich, ist im Krieg gefallen, und dann sagte mir jemand: »Das ist doch sein jüngerer Bruder Raimund.« Ich bin hingegangen und habe zugeguckt, wie er sein Netz geflickt hat. Dann habe ich ganz leise gesagt: »Darf ich auch mal?« Er hat mich lange angeguckt und dann gefragt: »Sind Se de Deern?«

Op plattdüütsch hett he seggt: »Sind Se de Deern von domols?«

Da hebb ik seggt: »Ik bin de Deern.« Und dann haben wir uns was erzählt.

Wie hieß das Boot? Trug es noch den Namen Loki?

Das ist ja so lange her gewesen. Das Boot gab es nicht mehr. Es gab eben nur noch einen einzigen Fischer, während es damals vielleicht fünf, sechs gegeben hatte.

Aber der jüngste Bruder war noch Fischer?

Er sagte: »Ich bin hier der Letzte.« In der Nähe hatte einer unserer Sicherheitsbeamten ein Wochenendhaus. Eines Tages kam er und sagte: »Einen schönen Gruß von Herrn Kruse, das wird wohl nicht mehr so lange mit ihm dauern, wenn Sie noch einmal kommen wollen, müssen Sie bald kommen.« Ich bin dann mit einer Flasche Rum hingegangen und habe ihn auch noch gesehen. Später habe ich gehört, dass er kurz darauf gestorben ist, er war schon achtzig.

Ende September 1939. Ihr Mann hatte gerade seine zwei Wehrpflichtjahre hinter sich gebracht, stand kurz vor seiner Volljährigkeit, und sein Vater hatte ihm eigentlich schon wieder zivile Kleidung gekauft. Wissen Sie noch, welchen Berufsweg Ihr Mann einschlagen wollte?

Ja. Er wollte versuchen, bei einer großen Ölfirma unterzukommen und dann möglichst nach Indonesien, damals Holländisch-Indien …

Er wollte weg?

Er wollte weg, vor allem aber wollte er endlich etwas Vernünftiges machen.

Er wollte raus aus Deutschland? Mit Ihnen oder ohne Sie?

Darüber haben wir nie geredet. Ich wusste nur, was er für Pläne hatte.

War es Fernweh oder ein bisschen Abenteurertum, oder war es eine Vorahnung, dass der Krieg ausbrechen könnte?

Mein Gott, Abenteuer – Sehnsucht sicher ein bisschen, aber vor allem weg von den Nazis.

Das war letztendlich der kleine Moment der Möglichkeit, frei zu entscheiden, weil wenig später der Krieg ausbrach.

Ja. Das war wirklich nur ein Moment, und es reichte nicht, um die Entscheidung Tatsache werden zu lassen.

Sie waren zwanzig Jahre alt zu diesem Zeitpunkt und auf dem Weg, Ihr Lehrerstudium abzuschließen. Das heißt, die Beziehung zwischen Ihnen und Ihrem späteren Mann war damals nicht so eng, dass diese Idee, ins Ausland zu gehen, irgendwie eine gemeinsame Entscheidung gewesen wäre?

Wir haben uns kaum gesehen. Er war beim Militär und ich im Studium. Um schnell fertig zu werden, habe ich einmal ein Semester lang achtundvierzig Stunden Vorlesungen und Seminare pro Woche besucht. Deshalb konnte ich nach vier Semestern Examen machen – für Volks- und Mittelschulen.

Helmut Schmidt während seiner Rekrutenzeit, etwa 1938.

Zuletzt sahen wir uns wahrscheinlich, als ich mein Landschulpraktikum absolvierte. Das war 1939. Der Krieg brach aus, und Helmut war als junger Soldat in Vegesack stationiert. Wir haben alte Erinnerungen ausgetauscht und dann gesagt: »Alles Gute.«

»Alles Gute« hört sich ja an wie eine Trennung. Nach dem Motto: Das war's!

Es war jedenfalls nicht so, dass wir verabredet hätten, uns unbedingt wiederzusehen. 1940 hat Helmut mir dann einen Brief geschrieben, den er an die Adresse meiner Eltern geschickt hat. Er wusste nicht, dass ich in der Kinderlandverschickung war. Meine Eltern haben mir den Brief nachgeschickt. Ich habe zurückgeschrieben, und prompt kam ein Brief von ihm, er sei jetzt in Berlin. Wenn ich mal Urlaub haben sollte, könnten wir uns doch mal wiedersehen. Ich bekam Urlaub, weil ich vor Anstrengung in der Kinderlandverschickung – auch von der psychischen Belastung – zusammengeklappt bin. Ich war ja rund um die Uhr für dreiundzwanzig Mädchen von neun bis fünfzehn Jahren verantwortlich.

Da waren Sie als junge, zweiundzwanzigjährige Lehrerin fast zehn Monate in der Nähe von Kulmbach?

Wir lebten in einer ehemaligen Trinkerheilstätte, wo noch ein paar Patienten waren. Wir waren also weitab von der Welt. Allerdings gab es einmal im Monat eine Konferenz in Kulmbach, die für uns alle sehr wichtig war, weil wir dort eine kleine Tüte mit ein achtel Pfund Bohnenkaffee bekamen.

Wie kam es zu diesem Zusammenbruch?

Vierundzwanzig Stunden Dienst. Nachts weinte oft eines der kleineren Mädchen und musste getröstet werden. Ich bin erschöpft zu meinen Eltern gefahren, habe sie begrüßt und dann angefangen zu heulen. Ich habe nicht aufgehört zu heulen, bis meine Mutter einen Arzt geholt hat. Dem Arzt hat sie aber gesagt, woher ich komme und was ich da gemacht habe. Der Arzt hat gesagt: »Lassen Sie sie heulen. Die Tränen müssen raus.« Danach ging es mir ganz gut. Ich habe gesehen, dass ich gar nicht lange bei meinen Eltern bleiben konnte, denn unsere kleine Wohnung von sechzig Quadratmetern war übervoll mit Kindern von Freunden meiner Eltern, die aus Spanien kamen und vor dem Bürgerkrieg geflohen waren.

Die Familie Reppekus – eine erschütternde Geschichte …

Meine Eltern waren befreundet mit Hedwig und Herbert Reppekus. Herbert Reppekus erhielt von seiner Firma den Auftrag, eine Zweigstelle in San Sebastian in Spanien aufzubauen. Die Verbindung zwischen meinen Eltern und dem Ehepaar Reppekus war so eng, dass sie uns jedes Jahr besuchten. Und zwar mit dem Auto. Das war in den dreißiger Jahren.

Welch eine Attraktion!

Bevor sie überhaupt richtig angekommen waren, sagte Onkel Herbert schon: »Rein ins Auto!«, und dann wurden vier Glaser-Kinder einmal um den Block gefahren. Alle Kinder, die auf der Straße waren, standen vor unserer Haustür und guckten und guckten. Wenn wir ausstiegen, stolzgeschwellt, sahen wir, wie neidisch sie waren. Das war damals eine Sensation.

Das heißt, die Reppekus hatten es in Spanien zu Wohlstand gebracht?

Wieweit sie wirklich wohlhabend waren, weiß ich nicht, aber ich nehme an, dass diese Arbeit in Spanien sehr gut bezahlt worden ist. 1936 ging es in Spanien mit dem Bürgerkrieg los. Herbert Reppekus hat die Kommunisten finanziell unterstützt. Auch in Spanien waren die Kommunisten sehr bürokratisch und notierten jede einzelne Spende. Diese Spendenlisten sind Anfang 1938 gefunden worden. Die Franco-Leute haben den Vater und seinen ältesten Sohn abgeholt und erschossen. Die älteste Schwester ist nach Frankreich geflüchtet, von ihr habe ich sehr viel später gehört. Frau Reppekus, die gerade ihr sechstes Kind geboren hatte, ist dann mit den vier Kindern nach Deutschland geflüchtet.

Und alle sind bei Ihren Eltern untergekommen?

Man konnte sich in dieser kleinen Sechzig-Quadratmeter-Wohnung gar nicht mehr rühren. Schon deshalb war es gut, dass ich als Lehrerin in der Kinderlandverschickung war.

Wie ging es denn dann weiter mit der Familie Reppekus? Haben sie sich in dieser schwierigen Zeit in Hamburg zurechtfinden können?

Zunächst wohnten sie bei uns. Sie hatten aber in Sasel noch ein kleines Wochenendhaus. Da haben sie später mehr oder minder dürftig gewohnt. Meine Mutter hat häufig große Töpfe mit Suppe gekocht. Es gab einen regelrechten Suppentopf-Pendelverkehr von Horn nach Sasel. Dann bekam Hedwig Reppekus Tuberkulose. Sie wollte nicht, dass ihre Kinder angesteckt wurden. Da hat sie allein in ihrem Wochenendhaus gewohnt, und die Jungs und der Säugling sind zu uns gekommen.

Was ist aus den Kindern geworden?

Der Zweitälteste, Dieter, wurde gleich 1939 eingezogen und ist sofort gefallen. Ulli, der andere Sohn, ging zur Schule, und Klaus wurde von Hedwig Reppekus zur Adoption freigegeben.

Warum zur Adoption freigegeben? Das heißt, Frau Reppekus hat die Tuberkulose nicht überlebt?

Ja, Hedwig starb, und leider starb auch das kleine Baby. Sie hatte es angesteckt. Das hat meinen Vater ganz, ganz tief getroffen. Er hatte sich über dieses kleine Kind ganz besonders gefreut.

Das heißt, innerhalb weniger Monate waren aus dieser achtköpfigen Familie nur noch drei Waisenkinder zurückgeblieben? Eine Familie wurde Opfer zweier Diktaturen.

Grauenhaft, einfach nur grauenhaft.

Ist denn ein Kontakt zu den Kindern geblieben?

Wir haben lange, lange gar nichts mehr gehört. Dann ist 1991 das Buch »Kindheit und Jugend unter Hitler« von Helmut, mir und anderen Autoren erschienen. Kurze Zeit später bekam ich einen Brief von Ulli. Er habe nicht geahnt, schrieb er, wie das für uns ausgesehen habe. Er sei ja schließlich noch ein Kind gewesen. Erst durch das Buch habe er angefangen nachzudenken und in den Papieren gelesen, die seine Eltern hinterlassen hatten. Und dann schrieb er: »Ich weiß jetzt, was ich besonders Deiner Mutter zu verdanken habe. Mir tut es leid, dass ich mich nicht vorher gemeldet habe.«

Gab es dann ein Wiedersehen?

Ja. Meine mittlere Schwester war inzwischen in Kanada gestorben, mein Bruder seit 1952 nach Kanada ausgewandert. Wir anderen haben uns getroffen und dabei erfahren, dass die Reppekus einen tapferen Helfer hatten, einen Arzt, der sich ganz im Hintergrund um das Schicksal der Kinder gekümmert hat. Klaus war in Halberstadt von einer Familie adoptiert worden, Hede, die geflüchtete Tochter, war in der Résistance, kam dann in ein Lager, hat dort einen Argentinier kennengelernt und ist, soviel ich weiß, nach Buenos Aires gezogen. Dieser Arzt hat es tatsächlich geschafft, die drei später noch einmal zusammenzubringen. Ulli aus Hamburg, Klaus aus Halberstadt und Hede aus Argentinien. Ich habe übrigens jetzt zu Weihnachten wieder Post von Ulli und seiner Frau bekommen, und das freut mich sehr.

Nun aber zurück zu Ihnen ins Jahr 1940. Was haben Sie gemacht, nachdem Sie festgestellt hatten, dass bei Ihren Eltern in der Wohnung kein Platz mehr war?

Ich bin nach Berlin gefahren, wo Helmut für mich ein Zimmer besorgt hatte. Wir fuhren nach Sanssouci, weil ich das nicht kannte. Er kam dann frech grinsend aus irgendeiner Agentur

27. Juni 1942 vor dem Standesamt: Mit den Trauzeugen Ursel Humke, einer Klassenkameradin, und dem langjährigen Freund Kurt Philipp.

wieder und sagte zu mir: »Weißt du eigentlich schon, dass wir verheiratet sind? Sonst hätte ich nämlich kein Zimmer gekriegt.« Dann haben wir ein paar Tage faulenzend und miteinander redend verbracht. Im Dunkeln unter dem Nollendorf-Bahnhof, U-Bahn, haben wir dann verabredet: Wenn Helmut heil aus Russland zurückkommt, dann wollen wir mal richtig heiraten.

Wer hat das denn als Erster gesagt, hat Helmut die Initiative übernommen?

Das kann ich nicht mehr rekonstruieren und er wahrscheinlich auch nicht. Wir fanden, es war wunderschön gewesen zu zweit. Falls er es zuerst gesagt hat, war es so, als hätte ich es zuerst gesagt. Wir hätten das wie aus einem Munde sagen können.

Mit selbst genähtem rosa Brautkleid – weißen Stoff gab es nicht.

Wie kam denn jetzt der Sinneswandel zustande – nachdem es in Vegesack noch hieß »Alles Gute« und bye-bye?

Das war kein Sinneswandel. In Vegesack hatten wir drei Stunden und hier mehrere Tage. Wir kamen beide aus einem ganz unterschiedlichen Alltag, und hier hatten wir Zeit, nicht nur über unsere Umstände, sondern auch über die Zeitumstände zu reden. Das ist sicher auch wichtig. Die alte Vertrautheit, die war in Berlin sofort wieder da.

Das war vom 17. bis zum 24. August 1940, eine Woche zu zweit. Ihr Mann sprach viele Jahre später von der schönsten Woche in seinem Leben.

Das ist eine nachträgliche Verklärung – glaube ich. Wir haben später noch viele schöne Wochen erlebt, aber damals – es war ja eine Zeit, in der man eigentlich gar nicht an die Zukunft denken mochte und auch nicht planen konnte. Wir haben aber damals wohl auch schon angefangen, darüber zu reden, dass dieser Mistkrieg ja irgendwann einmal zu Ende sein müsse und was man dann vielleicht machen könnte. Aber nicht sehr viel.

Das heißt, Sie haben sich trotz der Heiratspläne die Welt nicht ausmalen können, wie sie für Sie zwei mal sein könnte?

Nein, das konnte man nicht – damals nicht. Dazu war es viel zu ungewiss, auch wie das mit dem verrückten Hitler weitergehen würde.

War das Gefühl von Angst ein ganz normaler Begleiter in Ihrem Leben?

Mein Mann hat sicherlich vielerlei Ängste gehabt: Angst vor russischer Gefangenschaft, Angst vor schwerer Verwundung, Angst vor Verschüttung im Keller. Das sind alles Ängste, die den dreiviertel bis ganz erwachsenen Mann bedrängt haben. Wir haben uns über vieles unterhalten, als wir Kinder waren oder auch Pubertierende, aber über Ängste haben wir nie geredet. Nur, als ich meinen Mann an den Zug brachte, der in Richtung Osten fuhr …

Sie sprechen von der gemeinsamen Woche in Berlin, bevor Ihr Mann an die russische Front zog?

Ja, da hatte ich Angst um meinen zukünftigen Mann. Aber, wissen Sie, solche Dinge hat es in unserem Leben ja leider häufiger mal gegeben. Ereignisse, die einen überfallen haben oder von außen zudiktiert wurden, von denen man nicht wusste, wie sie ausgehen. In der Nazizeit hat es immer wieder Situationen gegeben, wo man sich hinterher sagte, das ist gerade noch einmal gut gegangen. Diese Zeit ist so verrückt gewesen. Es ist so viel darüber geschrieben worden, es ist so viel darüber geredet und philosophiert worden, und trotzdem kann man die ganzen Gefühlsschwankungen und Überlegungen jener Zeit, glaube ich, nicht korrekt wiedergeben.

Sind Sie eher vom Gefühl oder von der Vernunft geleitet?

Ich bin mein Leben lang ein vernünftiger Mensch gewesen. Ich will es einmal so sagen: Ich bin voller Gefühle, aber ich glaube, normalerweise – wenn ich nicht gerade von so einem penetranten Kerl ausgefragt werde – lasse ich davon nur so viel raus, wie ich für richtig halte. In Notsituationen agiere und reagiere ich mit dem Kopf.

»Ich habe mir nicht die Zeit genommen, sentimentalen Gefühlen nachzugehen«

Überleben nach dem Krieg

Was war der Grund, dass Sie 1944 nach Bernau gezogen sind?

1943 hatte der große Angriff auf Hamburg stattgefunden. Die Wohnung unserer Eltern und auch unsere eigene waren zerstört. Alle Schulen, sofern sie noch standen, waren geschlossen. Helmuts Dienststelle war der Angriffe wegen von Berlin nach Bernau verlegt worden. Wir hatten mühsam Unterkunft bei einer Tante von mir gefunden, deren Kinder in der Kinderlandverschickung waren, sodass wir in ein kleines Zimmerchen im Norden Berlins kriechen konnten. Die Dienststelle befand sich aber draußen in Bernau, was zu Fuß vielleicht eineinhalb Stunden gedauert hätte. Eine S-Bahn, die dort hinfuhr, gab es nicht, wo wir wohnten. Deshalb mussten wir sehen, dass wir in Bernau irgendeine Möglichkeit fanden. Einer der Kameraden meines Mannes, ein Hauptmann, bot mit einer Selbstverständlichkeit, die uns damals erstaunt und gefreut hat, an: »Wir haben ein kleines Zimmer übrig, da können Sie doch erst mal hinziehen, und dann finden wir schon irgendwas.« So eine Selbstverständlichkeit tut einem besonders gut, wenn man nichts mehr hat. Wir sind also zu dem Ehepaar Schatzer gezogen. Das war dann unsere »größte« Ehewohnung, nämlich sechs Quadratmeter – ein Bett, ein schmaler Spind und ein Stuhl. Wir hatten aber Küchen- und Badmitbenutzung.

Was heißt Mitbenutzung? Im Flur oder bei der Familie selber?

Bei der Familie selber. Nachdem Schatzers gemerkt hatten, dass wir keine Nazis waren, wurden wir von allen Offizieren mit einer Selbstverständlichkeit aufgenommen, die guttat. Wir wurden zum Beispiel zu den Abendessen mit eingeladen, die es immer mal gab, und ich konnte mich schlecht revanchieren, obwohl wir bald eine Wohnung in einer sogenannten Schnitterkaserne fanden.

Was ist das?

»Schnitterkasernen« waren primitive, gemauerte Häuser, die Ende des 19. Jahrhunderts auf Gütern in Mecklenburg und Pommern gebaut worden waren als Unterkünfte für polnische Erntearbeiter. In den Wohnungen gab es weder Wasser noch eine Toilette. Nach dem Ersten Weltkrieg waren manche Polen in Deutschland geblieben. Als wir Anfang 1944 dort einzogen, waren alle Wohnungen in den beiden Häuserkomplexen ständig bewohnt. Sie gehörten zum Gut Schmetzdorf bei Bernau. Einige Familien sprachen auch noch Polnisch untereinander. Fast alle Erwachsenen arbeiteten auf dem Gut. Zu ihrem Lohn bekamen sie noch ein Deputat, und zwar täglich einen halben Liter Milch, Kartoffeln zur Wintereinkellerung und einiges des angebauten Gemüses wie Weißkohl, Rotkohl und Steckrüben.

Gab's noch Zeit für musische Dinge?

Wir hatten uns ein Klavier gemietet für fünf Mark im Monat. Unten auf dem Hof, wo die Pumpe war, die alle Wohnungen benutzen mussten – mit Eimern frischen Wassers ging man hoch, mit Schmutzwasser, das man auf dem Hof ausgoss, wieder hinunter –, waren immer Gänse, die alles Mögliche futterten. Sie waren fasziniert von Helmuts Klavierspiel, sind zur ersten Etage, wo wir wohnten, hochgehüpft und -gewatschelt und standen vor unserem Zimmer.

Musikalische Gänse? Haben die zu seinem Klavierspiel mitgeschnattert?

Die Gänse haben seine Musik geliebt.

Erinnern Sie sich noch, welches Stück er gespielt hat, mit welchem Stück er die Gänse angelockt hat?

Wahrscheinlich die Goldberg-Variationen, vermutlich Bach-Musik. Die Gänse haben uns immer wieder fasziniert und die Nachbarn natürlich auch. Die Gänse warteten schon jeweils: Wenn die Haustür unten im Treppenhaus nur halb offen stand und oben Musik erklang, waren die Gänse da.
Die Dienststelle in Bernau war jetzt »Kriegsministeriumsableger«. Dazu gehörte auch ein Arzt, der in einem Sommerhaus wohnte, das die Familie besaß. Es gab drei kleine Kinder. Die Frau des Arztes war sehr musikalisch. Wir haben uns bald angefreundet.

Wie lange blieben Sie in Bernau?

Bis ich geflüchtet bin und mein Mann an der Westfront war. Wann bin ich denn losgezogen? Nachdem unser Kind gestorben war – im Februar 45.

Waren Sie danach mal wieder am Grab des Sohnes in Bernau?

Der Rechtsanwalt Wolfgang Vogel fuhr mich hin. Herbert Wehner hatte erfahren, dass unser Sohn dort beerdigt ist, auf einem kleinen Dorffriedhof in der Nähe. Wehner hat auch das Grab entdeckt, und der Pastor hat es uns gezeigt. Er und seine Frau hatten es sehr liebevoll gepflegt, mit ihnen haben wir uns auch ein bisschen angefreundet. Pfarrer Lautenschläger ist inzwischen im Ruhestand. Wir telefonieren aber immer noch.

Wann genau waren Sie das erste Mal da?

Mit Wolfgang Vogel. Wahrscheinlich 1980 oder 1981. Helmut war Bundeskanzler. Ich bin nach Berlin geflogen, wo Klaus

Bölling mich abgeholt hat. Mit ihm und Herrn Vogel fuhr ich dann nach Bernau.

Warum war es für Sie vorher nicht möglich gewesen, nach Bernau zu kommen?

Um nach Bernau beziehungsweise Schönow, wie das Dorf heißt, zu kommen, hätte man einen Antrag stellen müssen, der mir verwehrt worden wäre. Mein Mann war in Westdeutschland Berufspolitiker.

Haben Sie es denn mal versucht, den Antrag zu stellen?

Nein. Warum?

Ich meine, da liegt Ihr Sohn.

Nein, da bin ich gar nicht sentimental. Der Sohn ist gestorben, um den konnte ich mich nicht mehr kümmern. In meinem täglichen Leben war so viel zu bewältigen – auch was meine weitere Familie, meine Eltern betraf – da habe ich mir nicht die Zeit genommen, solchen sentimentalen Gefühlen nachzugehen.

Aber Ihr Mann hatte so etwas wie ein sentimentales Gefühl und wollte an das Grab seines Sohnes?

Der ist noch später dort hingekommen. In dem Augenblick, wenn man da steht – inzwischen gab es auch einen Stein, das hatte mir der Pastor vorgeschlagen, und ich hatte Ja gesagt –, ereilen einen sentimentale Gefühle, doch bei mir stellte sich dann automatisch der Gedanke an die letzten drei Tage meines Sohnes ein.

Als Sie allein mit ihm waren?

Als ich allein mit ihm war, als er krank war, als ich wusste, dass diese Krankheit unheilbar ist, Antibiotika gab es ja noch nicht, als er sich in Krämpfen wand und nur noch vor sich hin stöhnte und ich ihm höchstens mal das Gesicht abwischen konnte. Dieser Eindruck ist stärker als der von einem gepflegten Grab.

Das heißt, das ist ein Moment in Ihrem Leben, der eine Verletzung hinterlassen hat?

Nein.

Sie wischen das jetzt so schnell beiseite.

Verletzung ist der falsche Ausdruck.

Dann sagen Sie es, korrigieren Sie mich.

Das ist ein Erlebnis, das man nicht auslöschen kann, das man aber einsortiert. Es gehört zum Leben dazu, und das Leben geht weiter. Damals kamen doch immer neue Herausforderungen, da konnte man sich nicht aufhalten. Damit hätte ich mir selbst nicht geholfen, und ich hätte den Menschen um mich herum nicht helfen können.

Sind Sie ein Mensch, der diese Art von Gefühlen gern beiseiteschiebt?

Ich habe mein Leben lang keine Zeit gehabt, tiefen Gefühlen, besonders negativen, nachzuhängen – positiven lieber.

Sind Sie dann regelmäßig zum Grab Ihres Sohnes gefahren?

Ich bin kurz nach dem ersten Besuch noch einmal hingefahren, das muss Ende der achtziger Jahre gewesen sein. Ich hatte einen kleinen Topf Efeu aus Hamburg mitgebracht. Inzwischen hat er das ganze Grab überzogen. Herbert Wehner und Wolfgang Vogel haben auch den Feldsteinblock auf das Grab gestellt, nur mit Namen und Geburtstag.

Das heißt, Wolfgang Vogel und Herbert Wehner haben es möglich gemacht, dass Sie regelmäßig das Grab Ihres Sohnes besuchen konnten?

Regelmäßig nicht – wir wollen mal sagen, dreimal.

Loki, als Sie da diese drei Tage allein in Bernau waren, haben Sie den Sohn allein beerdigt?

Ja, es war mühsam, einen kleinen Sarg zu finden. Derartige Äußerlichkeiten erinnert man dann noch ganz genau.

Hat Ihnen jemand dabei geholfen?

Das Arzt-Ehepaar Arnold, von dem ich erzählt habe. Wir haben öfter mit ihnen zusammen gesungen und die drei kleinen Mädchen kennengelernt. Die Jüngste konnte noch nicht einmal richtig sprechen, lief aber immer ans Telefon. Arnolds hatten ein Telefon. Dann sagte sie: »Hier ist Wauke Arnold.« »Frauke« konnte sie noch nicht sagen. Es wurde dort viel musiziert, was für uns sehr wichtig war. Gelegentlich rief Frau Arnold an und sagte: Heute Abend ist wieder Musikabend. Da kommt der Hauptmann Sowieso. Da müssen Sie vorsichtig sein mit den Gesprächen, aber er hat mir schon fünf saure Heringe angeliefert, und außerdem ist er ein wunderbarer Klavierspieler, also Vorsicht bei den Reden.

Klavier spielen konnte er, und er brachte die Heringe mit, aber er war Nazi.

Ja. Aber so war der Ton, dass man vorher Bescheid sagte: Heute mal ein bisschen vorsichtig.
Das älteste Kind der Arnolds hatte Polio gehabt.

Kinderlähmung?

Ja, Kinderlähmung. Damals gab es noch nichts dagegen. Es war ein sehr intelligentes Mädchen, hat später Abitur gemacht. Sie durfte in der DDR aber nicht studieren, weil sie ja ein »kleiner Krüppel« war. Da ist dieses Mädchen allein nach West-Berlin gegangen, hat sich dort ein Zimmer gemietet und studiert. Ihre Kommilitonen hat sie eingeweiht: »Ich habe da drüben zwei Schwestern, die können nicht rüber, haben auch die Schule beendet und möchten studieren.« Die Studenten haben diese beiden Mädchen heimlich nach West-Berlin geholt. Die drei Schwestern sind nach dem Mauerbau mit dem Flugzeug nach Hamburg geflogen und landeten bei mir. Susanne musste ihr Zimmer räumen und schlief auf dem Sofa im Arbeitszimmer meines Mannes in Othmarschen. Die Mutter in Bernau fing an, mir Pakete zu schicken. Zuerst habe ich mich gewundert, aber wir wollten ja nicht allzu offene Briefe schreiben – nur Bettwäsche und Tischwäsche. In einem Paket waren schöne Tischdecken und innen drin ein Pelzschal. Ich wusste sehr bald, dass wir hier ein Lager einrichten sollten. Bei uns im Keller stapelten sich also diese Pakete, und dann hat mein Mann – das darf man vielleicht gar nicht sagen – den Arzt und seine Frau mit gefälschten Pässen auf einem Urlaubsschiff der DDR über Schweden hierher bekommen.

Helmut Schmidt als Fluchthelfer. In welchem Jahr?

1962.

Damals war er Innensenator.

Sie kamen abends spät hier an. Helmut war nicht da, er war bei einer Tagung in West-Berlin, und in der Nacht ereignete sich die Flutkatastrophe in Hamburg.

Die kamen in der Nacht der Flutkatastrophe?

Ich hatte hier das Haus plötzlich voll mit den drei erwachsenen Mädchen und ihren Eltern.

Wie sind sie von diesem Schiff wieder runtergekommen?

Sie sind an einer Grenze, die das Schiff passierte, ausgestiegen und mit einem normalen Fährschiff nach Kiel gefahren.

Sie haben das DDR-Boot verlassen und ein Fährschiff genommen nach Kiel?

Und von da nach Hamburg.

Und alles begann 1944 im Krieg in Bernau?

1944 in Bernau. Wir haben die Verbindung nie abreißen lassen. Dann, nach vielen Jahren, wurden die drei Mädchen hier in Hamburg untergebracht.

Was ist aus der Familie Arnold geworden, blieb sie in Hamburg?

Die Älteste, meine »Pflegetochter«, hat Jura studiert und ein gutes Examen gemacht.

Das ist das Mädchen, das Polio hatte?

Ja. Hier in der Behörde hat sie sofort eine Anstellung gefunden. Es hieß ja, dass so und so viel Prozent Körperbehinderte eingestellt werden mussten. Sie lebt leider nicht mehr. Die zweite ist Lehrerin geworden und hat ein Vierteljahr ihren großen Helferdienst bei mir gemacht, behauptet natürlich, dass sie erst von mir die hohen Weihen der Pädagogik erhalten habe – das war sehr vergnüglich. Ich habe ihr natürlich alles gezeigt oder einfach vorgemacht, wie ich mir vorstellte, dass ein Lehrer sein sollte. Sie ist hier eine tüchtige Lehrerin geworden, die sehr schnell in der Musikhochschule Studenten mitbetreute und vor allen Dingen Nachmittagskurse für Musik und Spiel für

Lehrer gab. Inzwischen ist sie im Ruhestand. Die Eltern, die ja älter waren als wir, leben nicht mehr. Die Jüngste, Frauke, hat Medizin studiert und gleichzeitig bei John Neumeier eine Ballettausbildung absolviert, was sie beides ungefähr gleichzeitig abgeschlossen hat.

Aber jetzt noch mal zurück zu der Situation 1944 in Bernau. Die Familie Arnold hat sich damals um Sie gekümmert, als Sie allein waren?

Als ich merkte, dass unser Sohn nicht mehr lebte, habe ich bei Arnolds angerufen, das ist im Februar 1945 gewesen. Der Arzt ist daraufhin bei Glatteis mit seinem Motorrad – Autos gab es natürlich auch für Ärzte schon nicht mehr – gekommen, hat festgestellt, dass das Kind nicht mehr lebte, und gesagt: »Sie können hier nicht bleiben. Sie kommen jetzt mit.« Er wusste ja, dass ich praktisch drei Tage nicht geschlafen hatte. In seinem Luftschutzkeller im Luftschutzbett habe ich mich hingelegt und Stunden geschlafen. Dann habe ich was zu essen bekommen.

Wo war Ihr toter Sohn zu dem Zeitpunkt?

In unserer Wohnung. Als ich ausgeschlafen hatte, haben Frau Arnold und ich versucht, einen Sarg zu bekommen, einen kleinen weißen Sarg.

Haben Sie Ihrem Mann schnell eine Nachricht zukommen lassen oder einen Brief geschickt?

Sie haben falsche Vorstellungen von der Zeit. Mein Mann und ich haben natürlich Briefe gewechselt. Wir haben beide die Briefe nummeriert. Er war inzwischen an der Westfront, denn man hatte von seiner etwas freien Redeweise Kenntnis bekommen. Er ist angezeigt und sofort von einem Vorgesetzten versetzt worden. Er hatte immer Vorgesetzte, die ihn schätzten.

Das Kriegsgerichtsverfahren ist hinter ihm hergewandert, hat ihn aber nie erreicht.

Weshalb ist er angeklagt worden?

Wegen defätistischer Reden.

Das war damals in Bernau, wo er seinen Mund für deren Verhältnisse zu weit aufgemacht hat? Schmidt Schnauze halt?

Vorher vielleicht auch schon. Wir wissen auch, wer ihn immer gefördert und woandershin versetzt hat. Zwei Generalstabsoberste waren das.

Das heißt, Ihr Brief über den Tod Ihres Sohnes hat ihn nicht unmittelbar erreicht, weil er jetzt wieder versetzt worden war?

Der dreizehnte Brief hat ihn erst erreicht.

Und wo blieben Brief eins bis zwölf?

Das weiß ich nicht. Im Krieg kam längst nicht jeder Brief an. Nachdem das Kind beerdigt war, habe ich noch ein bisschen gewartet. Dann hieß es, die Russen kommen näher. Mich hat da nichts mehr gehalten. Aus meinem besten Betttuch habe ich mir einen Beutel genäht, da ein paar Sachen hineingetan und bin von Bernau aus nach Berlin gegangen. Ich habe mir noch eine Bahnsteigkarte gekauft und dann auf einen Flüchtlingszug gewartet, den ich auch gefunden habe. Ich musste zwar über Gleise klettern, aber auch die Leute in den Flüchtlingszügen halfen einander ja, wo es überhaupt nur ging. So bin ich in ein überfülltes Abteil gelangt. Wir haben drei Tage gebraucht, bis wir in Hamburg waren.

Von Berlin nach Hamburg – drei Tage. Anfang 1945. Wie beschwerlich und unsicher war die Fahrt?

Immer Stationen, zwischendurch auch wieder Fliegeralarm, hin und wieder mal auf einem Bahnsteig einen heißen dünnen Tee oder eine trockene Schnitte Brot, quakende Kinder.

Wie leer und einsam fühlten Sie sich in der Zeit? Sie hatten gerade Ihr Kind verloren.

Da fühlte ich mich nicht einsam, denn ich hatte ein fremdes Kind auf dem Schoß. Man war ja eine zwar zusammengewürfelte Gesellschaft, aber alle hatten den Wunsch, irgendwie zu überleben. Da fühlt man sich nicht einsam, man ist ein Teil dieser Masse. In Hamburg gab es einen Zug nach Cuxhaven, mit dem ich bis Neugraben gefahren bin. Ich wusste, dass meine Eltern dort in einer alten Gartenbude wohnten. Um drei Uhr morgens kam ich am Bahnhof an. Die Sperre war besetzt, wir waren ja in Deutschland, da war alles ordentlich. Wenn der Zug hielt, war da eine Sperre, wo man eigentlich seine Fahrkarte abgeben musste. Ich erzählte also diesem Kontrolleur: »Ich habe leider keine richtige Fahrkarte, ich komme gerade aus Berlin, ich habe nur eine Bahnsteigkarte.« – »Wo wollen Sie denn jetzt mitten in der Nacht hin?«, fragte er. »Zu meinen Eltern.« – »Ja, jetzt ist es doch drei Uhr.« – »Die werde ich schon wachkriegen.« Dann bin ich also durch das dunkle Neugraben marschiert, vom Bahnhof bis zu meinen Eltern, das dauerte vielleicht eine Dreiviertelstunde. Erstaunt war ich, als ich die Bude sah, da brannte nämlich Licht. Ich machte die Tür auf. Meine Mutter sagte zu mir: »Da bist du ja«, und mein Vater sagte: »Seltsam, deine Mutter ist heute Nacht aufgestanden und hat Feuer gemacht. Ich habe gesagt: Gertrud, was soll das denn? Da hat sie im Halbschlaf geantwortet: Loki kommt doch gleich.« Meine Mutter, die das Nüchternste war, was man sich vorstellen kann.

Hatte doch den siebten Sinn.

Seltsam, nicht? Das haben wir immer als etwas besonders Seltsames empfunden, dass meine Mutter, die eigentlich nicht dazu neigte, eine Ahnung hatte.

Aber vielleicht war sie eine Seherin.

Ja, in bestimmten Momenten. Wie auch immer, ich war da und schrieb natürlich fleißig weiter Briefe. Sie fragten ja nach den Briefen. Irgendwann kam ein Brief von Helmut zurück, dass er zwei oder drei Tage Urlaub bekäme.

Von der Westfront?

Ich hatte ihm einen Brief geschrieben, schon von Hamburg aus: »Vielleicht weißt Du gar nicht, dass unser Moritzelchen – so haben wir immer gesagt – nicht mehr am Leben ist und ich in Hamburg bin.« Diesen Brief hat mein Mann als ersten erhalten – Nummer dreizehn. Er ist wohl in dem Moment sehr geknickt gewesen, sodass sein Vorgesetzter sagte: »Was haben Sie denn, Schmidt?« Der Vorgesetzte sagte: »Sie fahren auf Urlaub, aber ich kann Ihnen nur eine Woche geben.« Sehr weit westlich kann er noch nicht gewesen sein. Jedenfalls kam er. Wir hatten die Idee, noch einmal nach Bernau zu fahren. Zu zweit sind wir zu dem General von Rantzau gefahren, der inzwischen von Bernau nach Hamburg versetzt worden war. Wir berichteten ihm: »Unser Kind ist gestorben. Außerdem möchten wir noch einmal zurück, denn wir haben praktisch nichts mehr.« Die Wohnung war zwar nicht gut eingerichtet gewesen, aber ein paar Dinge gab es doch noch, zum Beispiel Kleidung.

Wie leicht war es zu der Zeit, noch nach Berlin und dann nach Bernau zu reisen?

Der General sagte: »Nach Berlin kommt keiner mehr. Es sei denn«, sagte er und guckte mich an, »ich mache Sie zur Luftwaffenhelferin«, und dann müsse ich mich bei Herrn Oberst

Sowieso in Bernau melden. Er fragte den Adjutanten: »Kann man das so machen?« – »Ja«, sagte der, »das müsste gehen.« – »Und wenn das rauskommt?« Da sagte der Adjutant sehr ruhig: »Dann heißt es Kopf ab.« – »Gut«, sagte da der General, »dann machen wir das so.« Ich bin per Ausweis zur Luftwaffenhelferin ernannt worden, und wir sind mit dem Zug nach Berlin gefahren. Da kein Zivilist mehr nach Berlin durfte und niemand mehr nach Osten fahren wollte, hatten wir es wunderbar bequem. In einem warmen Zug sind wir nach Berlin gefahren. In Bernau sind wir als Erstes zu den Arnolds gegangen, die sich riesig freuten.

Und dann sind Sie noch mal gemeinsam zum Grab gegangen?

Da sind wir zum Grab gegangen. Der Pastor war aber nicht da, er war unterwegs. Dann haben wir in einen Koffer so viel gepackt, wie ging. Unten hängt auch noch ein Bild, das wir mitgenommen haben.

War das so eine Art Abschiednehmen? Denn Sie wussten ja, dass es hinsichtlich der politischen Situation – die Russen kamen immer näher – möglicherweise vorerst das letzte Mal hätte sein können.

Uns – und auch den Arnolds – war klar: Ob wir uns jemals wiedersehen würden, war höchst ungewiss.
Dann sind wir auf demselben Weg wieder zurück. Mein Mann musste ja wieder an die Front.

Das war 1945. Wissen Sie noch, welcher Monat es war?

Anfang März. Ich habe meinen Mann noch über Bombentrichter von Neugraben nach Harburg an den Zug gebracht. Wir wussten natürlich auch nicht, ob wir uns wiedersehen würden, aber er hatte versprochen, rechtzeitig wieder zurückzukommen, und das musste er ja halten …

Wann hatten Sie das erste Mal Gewissheit, dass der Krieg bald zu Ende sein könnte?

Hamburg ist am 3. Mai zur offenen Stadt erklärt worden. Vorher hat es noch Schießereien mit den Engländern gegeben. Die Fischbecker Kaserne wurde geräumt. Trotz der Schießereien zog die Bevölkerung in die Kaserne und nahm alles mit, was nicht niet- und nagelfest war. Kleine englische Panzerspähwagen fuhren an der Stadtgrenze entlang. Wir lebten ja in Neugraben, also am südlichen Stadtrand. Über die Elbbrücke kam man nicht, denn die Engländer bewachten die Brücke. Eines Tages erschien ein Bauer aus dem Nachbarort und fragte: »Wohnt hier irgendwo eine Frau Schmidt? Ich habe hier einen kleinen Brief, den mir ein Freund gegeben hat. Er hat ihn wiederum von einem Freund, der gerade aus dem Gefangenenlager aus Belgien zurückgekommen ist.« Es war ein Zettel, zusammengefaltet, ein bisschen schmuddelig, weil er ja durch mehrere Hände gegangen war. Ein Brief von Helmut. Darin stand: »Gefangen genommen kurz vor Hamburg, nach Belgien, aber ich lebe.« Der Brief war aus einem Lastwagen mit neuen Gefangenen geworfen worden.

Woher wussten Sie das?

Derjenige, der ihn aufgesammelt hatte, hatte es einem anderen berichtet, der bald entlassen wurde, und das war wiederum der Freund des Freundes des Bauern, der nun mit dem gefalteten Ding vor mir stand.

Dem Brief konnte man entnehmen, dass er schon kurz vor Hamburg gewesen war?

Es muss in der Nähe von Soltau gewesen sein. Er hatte den Brief, glaube ich, in der Heide geschrieben. Jedenfalls wollte ich meinen Schwiegereltern Nachricht geben. Es war noch nicht Friede, es war diese Zeitspanne zwischen dem 3. und 8. Mai. Der Krämer gegenüber sagte mir: Ich kenne den Herrn Sowieso, der ist Polizist. Ich ging also zu dem Polizisten. »Das ist ganz einfach«, sagte er, »schreiben Sie mal einen Brief an Ihre Schwiegereltern, ich gebe ihn dann meinem Kollegen, der Dienst bis zur Elbbrücke hat. Der kann ganz gut mit den Engländern. Die werden den Brief dann schon weitergeben.« Das hat funktioniert. Ich erzähle das so ausführlich, weil man es sich heute überhaupt nicht mehr vorstellen kann, dass sich fremde Menschen selbstverständlich halfen.

In dieser Not hat die »Solidargemeinschaft Menschen« funktioniert.

Ja, denn die Engländer haben ja mitgespielt. Dann kam der 8. Mai, ein Traumtag – die Vögel sangen, und die kleinen grünen Blätter waren da. Meine Schwester, meine Mutter und ich sind herumgehüpft vor Freude. Die Leute ringsherum haben gesagt: »Endlich ist Frieden, und die Nazis sind weg.« Alle haben gejauchzt.

Und es war auch noch schönes Wetter und roch nach Frühling?

Ja. Wir haben nur Jubel, Trubel, Heiterkeit gehabt.

Wie lief später die Entnazifizierung ab?

Die Entnazifizierung – ich glaube, es war 1946 – war besonders hübsch.

Wie – »hübsch«?

Das werden Sie gleich merken. Wir wurden in die Universität bestellt – alle, die südlich der Elbe wohnten. Da lief alles durcheinander. Ich traf einen ehemaligen Kandidaten, Herrn Sonntag, der uns in der Lichtwarkschule unterrichtet hatte. Er fragte: »Was sollen Sie denn unterrichten?« – »Ich soll hier gar nicht unterrichten, ich soll entnazifiziert werden.« Da hat er sich erst mal die Hand vor den Mund gehalten und furchtbar gelacht. Dann hat er gesagt: »Dann kommen Sie mal mit zu mir.« Herr Sonntag hat ein Semester lang Vorgeschichte gemacht, und über Vorgeschichte wusste ich ganz gut Bescheid. Jedenfalls war ich ein Semester lang bei Herrn Sonntag, und damit war ich entnazifiziert.

Das reichte aus?

Ja.

Wie lange hat es dann noch gedauert, bis Ihr Mann aus dem Krieg nach Hause zurückkam?

Erst einmal wollte ich ja wieder anfangen zu arbeiten. Die Schulen waren zwar alle noch geschlossen, aber ich habe mich, als ich nach Hamburg kam, beim Oberschulrat Köhne gemeldet, von dem ich Ende Mai schon die Nachricht erhielt, ich möge bitte in einem Kinderheim zwischen Neugraben und Harburg – in den Schwarzen Bergen, heute Hamburger Gebiet – als Lehrerin anfangen. Dieses Kinderheim war etwas sehr Typisches für die Zeit. Ursprünglich war es einmal ein Heim für schwer erziehbare Kinder gewesen. Ein paar von ihnen waren auch noch da. Nun war es ein Sammelsurium. Die jüngsten Kinder waren zwei Jahre alt, die ältesten etwa vierzehn. Man begriff sehr schnell, was das für Kinder waren und woher sie kamen. Es waren Kinder, deren Mütter in Hamburg umgekommen waren bei den letzten Angriffen. Es waren Säuglinge und Kinder aus Flüchtlingszügen.

Fühlten Sie sich der Situation gewachsen?

Um die Zweijährigen brauchte ich mich weniger zu kümmern, ich war zuständig für alle, die ein bisschen größer waren. Da fragt man doch nicht, ob man der Situation gewachsen ist, da sind die Kinder, und hier bin ich, und nun mal los. Unterricht fand ohne Papier, ohne Buch, ohne Buntstift, ohne Bleistift, das heißt eigentlich nur mit dem Kopf statt. Was immer funktionierte, war Geschichten zu erzählen. Plötzlich fielen mir, Gott sei Dank, auch viele Märchen wieder ein. Dann hockten sie da, es waren vielleicht zwanzig Kinder, und hörten zu. Was auch immer gut ging, war, gemeinsam zu singen.

Das waren die Tage und Wochen unmittelbar nach Kriegsende, nach dem 8. Mai, worüber wir jetzt reden. Aber Ihr Mann war noch nicht wieder da?

Von Helmut wusste ich nichts.

Gar nichts, keine Information, nichts? Es gab nach dem Brief, den er abgeworfen hatte, keine weitere Information, wo er war?

Nein. Sie können sich die Situation gleich nach Kriegsende nicht vorstellen. Ich hatte allerdings das beruhigende Gefühl, in Belgien in Gefangenschaft, das müsste eigentlich sicher sein.

Das klingt so, als ob sich die Sorgen dann doch in Grenzen hielten, Frau Schmidt?

Wenn Sie jeden Tag zwanzig Kinder mit traurigen Augen und halb verhungert vor sich sitzen haben, haben Sie keine Zeit, sich Sorgen zu machen. Wenn ich es fertigbrachte, die Kinder mal zum Lachen zu bringen oder vergnügt im Kreis oder auch mal Versteck zu spielen und zu lachen, dann war ich ja schon glücklich.

Hatten Sie sonst noch Kontakte nach Hamburg hin, oder waren Sie da draußen auf sich ganz allein gestellt?

Ich war allein und musste, um dort hinzukommen, über die Harburger Berge, das heißt, über den Geestrand von Neugraben bis dahin gehen. Das dauerte vielleicht eine Dreiviertelstunde, aber es war ein freundliches Jahr ohne Regen.

Wann gab es denn das erste Zeichen von Helmut?

Am 24. August, da kam er nämlich selbst.

Zwischendurch keine Nachricht? Und am 24. August stand er wo?

Am 24. August waren wir gerade dabei, uns ein bisschen was zu essen zu machen.

Wo waren Sie an dem Tag, am 24. August?

Bei meinen Eltern und meiner Schwester, da wohnte ich ja. Ich hatte allerdings, weil es reichlich eng in dieser kleinen Bude war, gerade Verbindung mit einem Ehepaar aufgenommen, das mir ein Zimmer vermieten wollte. Meine kleine Schwester war inzwischen aus der Kinderlandverschickung zurückgekommen, und wir hofften immer, dass auch mein Bruder wieder auftauchen würde, der Soldat war. Wir arbeiteten herum. Plötzlich höre ich unseren Familienpfiff. Da bin ich barfuß, so, wie ich war, losgelaufen.

Und plötzlich stand Helmut vor Ihnen und begrüßte Sie mit dem Familienpfiff?

Ditt-ditt-ditt-dütt-dütt-dütt. Das ist ein Stück aus einem Shanty. Das war der Schmidt'sche Familienpfiff.

Wie heißt das Shanty?

»Ich muss ein Schnäpschen haben, ist das nicht fei-fei-fein, nur der Branntwein, nur der Schnaps.« Aber so weit ging unser Pfiff nicht. Das erste Stück reichte. – Ich bin rausgelaufen, und da kam er – mit einer selbst genähten kurzen Hose aus Tarnstoff. Das Schönste war – das habe ich aber nicht gleich gesehen, die Hose interessierte mich zunächst nicht –, dass er da vorn, wo Männer einen Schlitz hatten – Reißverschluss gab es noch nicht –, so einen großen Knopf angenäht hatte. »Ja«, sagte er, »einen anderen Knopf konnte ich nicht finden.«

Die Hose hatte er sich selbst genäht?

Die hatte er sich mit grauer Strumpfwolle in dem Lager selbst genäht, aus Zeltstoff.

Wie sah er aus?

Wie Haut und Knochen. Die Gefangenen hatten zwar englische Verpflegung – es war ein englisches Lager in Belgien –, aber immer viel zu wenig. Ein bisschen Weißbrot und dünne Suppe. Also Haut und Knochen, aber vergnügt.

Wie war die erste Begegnung, Loki, nach dieser Zeit?

Darauf gebe ich keine Antwort. Es war übrigens unter Birken, die links und rechts den Weg von der Pforte des Grundstücks bis zu der Bude meiner Eltern säumten.

Wo sind Sie dann untergekommen?

Da alles schon voll war, wurde es nun noch ein bisschen voller. Dann habe ich darauf gedrängt, möglichst bald besagtes Zimmer zu bekommen, was auch gelang. Nur hatten wir kein Bett. Mein Vater und Helmut haben deshalb aus alten Brettern ein Gestell gezimmert, und wir haben irgendwo Matratzen aufgetrieben, und zwar reines Stroh, aber immerhin mit einer Umhüllung, und damit sind wir eingezogen. Von meinen Eltern habe ich noch einen Kochtopf und einen Teller mitbekommen, jeder hat mir noch irgendetwas gegeben, sodass es ging.

Helmut Schmidt kommt dazu. Loki Schmidt pfeift den Familienpfiff.

Helmut Schmidt: Wolltest du mir was zurufen?

Loki Schmidt: Nein, ich wollte nur feststellen, ob du das bist. Ich wurde nämlich gerade gefragt, wie das war am 24. August 1945.

Helmut Schmidt: 24. August? Bin ich da wiedergekommen?

Ja.

Helmut Schmidt: Das weiß ich gar nicht mehr. Ich dachte, es wäre September gewesen.

Loki Schmidt: Nein.

Die Engländer haben Sie vorher rausgelassen?

Helmut Schmidt: Ja, ich habe Glück gehabt.

Herr Schmidt, wir haben gerade über die Familie Arnold gesprochen und uns gefragt, wie es Ihnen gelungen ist, die Arnolds 1962 aus der DDR nach Hamburg zu holen.

Loki Schmidt: Ich weiß nicht mehr, was das für Pässe waren, die du den Arnolds ...

Helmut Schmidt: Ich weiß es auch nicht mehr. Ich glaube, sie hatten Pässe, aber wir haben die Visa gefälscht. Wir haben ihnen ein Visum für Schweden gefälscht, das glaube ich.

Die waren auf einem Urlaubsschiff der DDR.

Helmut Schmidt: Nein.

Loki Schmidt: Doch, irgendein Fährschiff.

Helmut Schmidt: Nein, nein. Langsam, langsam, langsam. Sie saßen in Bernau.

Loki Schmidt: Ja.

Helmut Schmidt: Ihr Stadthaus hatten die Russen sich angeeignet.

Loki Schmidt: Okkupiert.

Helmut Schmidt: Die saßen da, und ihre Tochter …

Loki Schmidt: Die Töchter waren alle drei hier bei uns in Hamburg.

Helmut Schmidt: Ja. Mecki kam zuerst, und dann kamen die anderen beiden? Kamen die alle drei zusammen?

Loki Schmidt: Ja.

Helmut Schmidt: Jedenfalls haben uns die Töchter erzählt, dass die Eltern raus wollten, und sie hatten sich auch Pläne gemacht, wie, nämlich über Schweden. Entweder haben wir ihnen ein schwedisches Visum – ein gefälschtes – in den Pass gemogelt, oder wir haben ihnen Pässe gegeben oder eine Ausreiseerlaubnis der DDR gefälscht – irgend so etwas.

Es war 1962. Sie waren Senator, Sie waren Innensenator in Hamburg. Wie ist es Ihnen gelungen, dass Sie denen die Pässe fälschen konnten?

Helmut Schmidt: Das weiß ich nicht mehr. Ich weiß nur, dass wir etwas gemacht haben, das nach Recht und internationalen Gepflogenheiten gesetzwidrig war, aber nach meiner Meinung moralisch in Ordnung.

Loki Schmidt: Edelgard Arnold hat gesagt, sie seien nachts auf dem Schiff nach Schweden kontrolliert worden. Das muss noch auf der DDR-Seite gewesen sein. Sie wurden mit Taschenlampen angeleuchtet, und sie wusste, in dem Pass …

Helmut Schmidt: Die Augenfarbe stimmte nicht.

Loki Schmidt: … die Augenfarbe stimmte nicht.

Helmut Schmidt: Richtig – ha. Richtig.

Loki Schmidt: Und da hat sie schnell die Augen zugemacht, damit er die Augenfarbe nicht sah.

Helmut Schmidt: Auf dem Passfoto waren sie braun und in Wirklichkeit blau, oder umgekehrt.

Loki Schmidt: Ja, genau so.

Helmut Schmidt: Die Pässe müssen gefälscht gewesen sein, die Augengeschichte, die erinnere ich auch.

Erinnern Sie sich noch an den Tag, als die dann hier ankamen in Hamburg?

Helmut Schmidt: Ja. Das war die Nacht der Flutkatastrophe. Das weiß ich noch.

Loki Schmidt: Und morgens früh wurdest du dann tatsächlich alarmiert.

Helmut Schmidt: Weil die Polizeileute dachten, ich sei noch in Berlin bei einer Innenminister-Konferenz, und deswegen haben sie gar nicht versucht, mich zu erreichen, diese Dummköpfe. Morgens um sechs Uhr herum klingelte das Telefon. Das war aber der Werner Eilers, ein Beamter der Senatskanzlei, nicht der Polizei, der war etwas intelligenter, er sagte: »Vielleicht ist

Februar 1962: Flutkatastrophe in Hamburg. Helmut Schmidt mit Paul Nevermann, Herbert Weichmann und Hans Birckholtz.

der Schmidt doch da« und rief hier an. Wie der Zufall es wollte, stand vor der Tür ein Auto, wo man das Blaulicht obendrauf setzen konnte. Das hatte der Fahrer mit, und er hielt es am Dach fest – richtig, und ich bin wie ein Verrückter in wenigen Minuten von Langenhorn in das Polizeihauptquartier gefahren, das war am Karl-Muck-Platz gegenüber der Musikhalle. Aber zurück zu den Arnolds. Ich kam hierher, weil ich nach Hause wollte. Ich war in Berlin abgehauen, sobald die Konferenz zu Ende war. Ich habe mich auf die Reichsstraße 5 gemacht, wo immer Bäume quer auf der Straße lagen, die waren bei dem Sturm umgefallen.

Weil es so stürmte im Norden.

Helmut Schmidt: Das war eine mühselige Fahrt, und ich habe mich einmal mit dem Fahrer abgewechselt, ihn zwischendurch mal eine Stunde abgelöst. Ich glaube, wir haben fünf oder sechs Stunden gebraucht von Berlin. Ich kam nachts hier an. So gegen zwölf ungefähr.

Loki Schmidt: Da waren wir aber alle noch munter.

Helmut Schmidt: Die ganze Familie Arnold und du, ihr wart versammelt unten. Das weiß ich noch.

Großes Wiedersehen?

Helmut Schmidt: Große Wiedersehensfeier. Später haben alle irgendwo auf dem Fußboden geschlafen.

Loki Schmidt: Und ich habe auch schon erzählt, dass Edelgard Arnold vorher lauter Pakete geschickt hat.

Helmut Schmidt: Bettwäschepakete.

Loki Schmidt: Und Tischwäsche.

Helmut Schmidt: Ja, eine richtige Aussteuer, paketweise von Ost-Berlin.

Loki Schmidt: Unser halber Keller war voll mit den Paketen.

Ihre Frau sprach eben von Ihrer Rückkehr aus der Gefangenschaft in Belgien. Sie standen am 24. August plötzlich vor dem kleinen Häuschen der Eltern und hätten so eine eigenwillige Hose angehabt …

Helmut Schmidt: Ja, eine selbst gemachte, selbst genähte. Aus was für Stoff? Das war so ein olivgrüner, fester Stoff. Sehr hart.

Loki Schmidt: Ich vermute mal, dass es ein Zeltstoff war.

Helmut Schmidt: Kann sein. Ich weiß noch, dass er sehr hart war auf der Haut, und es war nicht genug Stoff, eigentlich war es ein Mittelding zwischen Badehose und Turnhose.

Selbst genäht?

Helmut Schmidt: Ja.

Loki Schmidt: Mit grauer Wolle hast du das genäht.

Helmut Schmidt: Richtig, mit grauer Wolle genäht. Nähgarn hatten wir nicht. Das war ja in mehrfacher Hinsicht eine ziemlich ungewöhnliche Geschichte, dass sie mich rausgelassen haben. Sie haben drei Leute rausgelassen.

Loki Schmidt: Das habe ich noch nicht erzählt. Das erzähl mal.

Helmut Schmidt: So, wie die Deutschen das überall gemacht haben in Kriegsgefangenenlagern, haben wir auch eine Art Lageruniversität aufgemacht. Ich habe da Vorlesungen gehört über – was weiß ich – alles Mögliche. Dann haben wir selber, drei Leute von uns, eine Vortragsserie im Lager gehalten. Ich glaube, ich hatte den ersten Vortrag. Als abkommandierter Zuschauer oder Zuhörer hatte ich ja einen der Prozesstage vor dem Volksgerichtshof erlebt und habe darüber berichtet.

Das heißt, Sie haben Freisler persönlich erlebt, der für Tausende Todesurteile in der NS-Zeit verantwortlich war …

Helmut Schmidt: Ich habe insbesondere den Scheißkerl Freisler beschrieben. »Den hätte ich umbringen können« oder so etwas Ähnliches muss ich gesagt haben.

Loki Schmidt: Du bist jedenfalls damals zum General gegangen nach dem ersten Tag.

Helmut Schmidt: Das war ja im Sommer 44. – Der zweite Vortrag war von einem Oberstleutnant mit Ritterkreuz, seinen Namen habe ich vergessen. Entweder hatte er einen Film gesehen, oder er war dabei, wie die in Plötzensee an den Fleischerhaken aufgehängt wurden, wahrscheinlich hatte er einen Film gesehen. Darüber hat er jedenfalls einen Vortrag gehalten. Und der dritte Vortrag war so eine Art Zusammenfassung, gehalten von Hans Bohnenkamp, einem wunderbaren Mann, auch mit Ritterkreuz und Eichenlaub und Tapferkeitsorden geschmückt. Er hielt einen Vortrag mit dem Titel »Verführtes Volk«, das muss im Juli 45 gewesen sein. Die Engländer hatten Spitzel im Lager, was wir nicht wussten, aber das habe ich mir später so zusammengereimt. Jedenfalls führte das dazu, dass das Lager sich aufspaltete. Die jungen Offiziere fanden alle, es sei unerhört, was wir drei da gemacht hatten, Nestbeschmutzer, das eigene Nest beschmutzen. Das waren keine Nazis, sondern mehr nationalistisch eingestellte junge Leute. Die Engländer haben uns drei vorzeitig entlassen, die anderen kamen zwei Jahre später.

Blieben die anderen Soldaten noch so lange in Belgien bei den Engländern?

Helmut Schmidt: Nicht in Belgien. Sie wurden nach Kriegsschluss in französische Bergwerke gesteckt, die waren ja dicht bei. Die mussten alle ins französische Bergwerk.

Wurden Sie, nachdem Sie den Vortrag gehalten hatten, besonders schief angeguckt von den jungen Kollegen?

Helmut Schmidt: Danach wurden wir etwas schief angeguckt, das ist der richtige Ausdruck.

Wo in Belgien war das?

Helmut Schmidt: In Jabbeke. Das ist etwa zehn Kilometer landeinwärts von Ostende.

Loki Schmidt: Wir sind da viel später mal gewesen.

Helmut Schmidt: Ja. Zehn oder fünfzehn Kilometer landeinwärts von Ostende.

Wie sind Sie dann von Jabbeke nach Hamburg gekommen?

Helmut Schmidt: Die haben uns mit Lkws nach Deutschland gebracht – uns drei und noch andere aus anderen Lagern. Das waren mehrere Lkws voll mit Germanskis. Wo haben sie mich hingebracht? Nach Segeberg. Segeberg war das Entlassungslager für die britische Zone oder für Schleswig-Holstein.

Loki Schmidt: Von da kamen ja auch die entlassenen Soldaten bei uns vorbei, vorher.

Helmut Schmidt: Von Segeberg mussten wir sehen, wie wir nach Hause kamen. Dann kam das komische Ding, dass ich in Segeberg in diesem Entlassungslager meinen Cousin Heinz Koch traf. Wir sind zusammen von Segeberg nach Hamburg getippelt. Wie wir über die Elbe gekommen sind, weiß ich nicht. Vielleicht fuhr da schon irgendein Zug oder so was?

Wann war denn der letzte Briefkontakt zwischen Ihnen, Loki? Sie wussten ja gar nicht, dass Ihr Mann kommen wird.

Helmut Schmidt: Doch, das wusste sie; dass ich noch lebte, wusste sie.

Loki Schmidt: Aus diesem gefalteten …

Helmut Schmidt: … kleinen Zettel.

Sie hat einen Brief bekommen in Form eines gefalteten Zettels, auf dem stand: »Gefangen genommen, aber ich lebe.« Wo haben Sie den Zettel abgeworfen?

Helmut Schmidt: Das weiß ich nicht mehr. Ich war ja vorher in der Ardennen-Offensive. Da wurden wir von den Amis überrollt, und dann sind wir hinter der amerikanischen Front, später hinter der englischen Panzerfront immer nachts aus der Eifel Richtung Norddeutschland getippelt. Durch irgendeinen dusseligen Zufall bin ich dann kurz vor Kriegsende noch in englische Gefangenschaft geraten, das muss etwas nördlich von Soltau gewesen sein.

Das heißt, Sie waren schon fast zu Hause?

Helmut Schmidt: Ja, zwei weitere Nächte, und ich wäre zu Hause gewesen.

Was war der dusselige Zufall?

Loki Schmidt: Eine Bauersfrau.

Helmut Schmidt: Dieser Marsch durch Deutschland hat schon drei Wochen oder so gedauert, und man war gewohnt, nachts zu marschieren und sich tagsüber irgendwo zu verkriechen und zu schlafen. Irgendjemand hat mich angezeigt: »Da liegt noch ein deutscher Soldat und schläft.« Die haben mich im Schlaf überrascht.
So, ich muss los. Bis heute Abend. Tschüs, Herr Beckmann.

Loki Schmidt: Helmut hat eben von Segeberg erzählt. Die Soldaten, die entlassen waren, aber in Süddeutschland wohnten, kamen ja über die Elbe, über die Elbbrücke, und mit großer Selbstverständlichkeit gingen sie in die Häuser und fragten: »Ich muss nach Baden-Württemberg, wie komme ich denn dahin?« Zum Glück hatte ich mehrere Hamburger Schulatlanten im Hause, die ich dann seitenweise auseinandergerissen und ihnen gegeben habe. Man hat versucht, ihnen die Geographie einigermaßen klarzumachen, manchmal auch nur, indem man sagte: »Gucken Sie mal hier, wir sind jetzt da, und Sie müssen versuchen, auf diese große Chaussee nach Süden zu kommen.« Wir hatten alle fast nichts zu essen, und trotzdem gab man den Soldaten, die weitermarschieren wollten, mit Selbstverständlichkeit noch irgendein Stück Brot oder was man hatte. Diese selbstverständliche Hilfsbereitschaft war etwas ganz Wichtiges in der Zeit. Das wollte ich noch einmal ganz deutlich sagen.

Ist es nicht irgendwie seltsam, dass der Mensch das nur in der Notsituation kann?

Eigentlich müsste man Ja sagen, denn wir haben einen Kopf. Bei Tieren ist es ja auch so. In Notsituationen helfen sie sich gegenseitig. Das muss irgendetwas Animalisches sein. In Notsituationen hilft man sich. Dass wir dieses Gefühl, diesen Instinkt jetzt leider verloren haben, weil es uns sehr, sehr viel besser geht als damals, das tut einem weh.

Empfinden Sie das so?

O ja. Als großen Verlust, wenn ich an die Zeit denke. Ja, es ist ein Verlust.

Was wünschen Sie sich, wie Menschen intelligenter und besser miteinander umgehen sollten?

Ich habe viel sehr Unterschiedliches erlebt und kann dazu nur sagen: Menschen sind Menschen. Wenn es ihnen besser geht, fangen sie an, ein bisschen egoistischer zu werden. Das ist so. Natürlich wünsche ich mir im Augenblick, dass den Menschen bewusst wäre: fast siebzig Jahre ohne Krieg. Das hat es doch in Deutschland überhaupt noch nicht gegeben. Wenn einem das deutlich wird, so lange kein Krieg, dass man dann vielleicht ein ganz klein bisschen besser mit dem übernächsten Nachbarn umgeht. Das wäre ein kleiner Wunsch, aber da kann ich nur sagen: Menschen sind Menschen.

Wie ging es weiter?

Das Kinderheim »Landhaus Freude« wurde einige Wochen später aufgelöst. Einige Mütter konnten ihre Kinder abholen, andere Kinder kamen in Heime. Ich erlitt eine Fehlgeburt. Eine Ärztin in Neugraben konnte einen Krankenhausplatz organisieren, in einem Hilfskrankenhaus in Eddelsen außerhalb Hamburgs. Krankenwagen gab es nicht. Meine jüngere Schwester hatte ein Fahrrad. Ich setzte mich hinter sie auf den Gepäckträger. Nach einer Dreiviertelstunde waren wir da. Das Krankenhaus war in einem schönen Herrenhaus untergebracht. Bei der Anmeldung erhielt ich Bettwäsche. Der Festsaal des Hauses war jetzt Krankensaal mit vierundzwanzig Betten. Meine Schwester half mir, das einzige freie Bett zu beziehen. Ich erinnere noch, dass es zum Abendbrot dicke Graupen mit Aprikosen gab. Am nächsten Morgen kam ich in den provisorischen Operationssaal.

Und wann wurden Sie wieder entlassen?

Nach vier Tagen kam meine Schwester. Wir zogen das Bett ab und fuhren wieder – ich auf dem Gepäckträger – nach Neugraben. – Am Abend vor der Entlassung kam der Arzt, lächelte und sagte: »Was wünschen Sie sich als kleine Mahlzeit? Jeder darf sich zum Abschied etwas wünschen.«

Was haben Sie sich gewünscht?

Ohne zu überlegen sagte ich: »Eine Tasse Bohnenkaffee und eine Zigarette.« – »Kommt gleich«, sagte der Arzt. Und tatsächlich duftete es bald nach Kaffee, und der Arzt gab mir Feuer. Meine dreiundzwanzig Zimmergenossen freuten sich mit mir.

Wie ging es dann im Beruf weiter?

Die Universität öffnete zum Wintersemester 1945/46. Helmut hatte sich nach dem kürzesten Studium erkundigt und sich für Volkswirtschaft einschreiben lassen. Ich erhielt Nachricht von der Schulbehörde, dass in Fischbeck ab Ostern 1946 eine Lehrerstelle für mich frei sei. Nun hatte ich nur noch eine gute halbe Stunde Fußweg durch Heidesand und Kiefern. Das Schulgebäude stammte etwa von 1880. Ich bekam ein zweites Schuljahr. Auch hier gab es kaum Material. Aufgeschlitzte Papiertüten mussten helfen. Aber die Kinder hatten noch Tafeln und Griffel. Auffallend war, wie mager die Sieben- bis Achtjährigen waren.

Wie haben Sie den kalten Winter überstanden?

Wir beiden Schmidts und meine etwas jüngere Schwester gingen bei Dunkelheit zum »Holzklauen« wie viele andere Menschen auch. Berittene Polizei sollte aufpassen, ähnlich wie bei der Bahn, wo Kohlen von den Güterzügen gestohlen wurden, wenn der Zug in Kurven langsamer fuhr. Freunde und Verwandte kamen aus Hamburg, um auch ein bisschen Holz zu holen. Sie mussten über Nacht bleiben, weil man nur bei Dunkelheit einen Baum absägen konnte. Also rückten wir in unserem schmalen Doppelbett zusammen. Kam ein männliches Wesen, lag Helmut in der Mitte auf der Besuchsritze, war es eine Frau, war das mein Platz.

Vor der Währungsreform war es schwierig, satt zu werden und zu überleben. Wie sahen denn die Schulverhältnisse aus?

Alle Lehrerinnen und Lehrer versuchten, soweit ich es beurteilen kann, mit viel Fantasie und kaum Material den Kindern ein wenig Lesen und Rechnen beizubringen. Vor allem versuchten fast alle, die gequälten Kinderseelen aufzuheitern.

Wie sah Ihr Alltag bis 1948 aus?

Anfang Mai 1947 wurde unsere Tochter geboren. Ich bekam etwas mehr Lebensmittelbezugsscheine. Die Lebensmittel wur-

Als Lehrerin mit dem Studenten Helmut Schmidt in der neuen Wohnung in Othmarschen (1948).

den ehrlich geteilt. Nach sechs Wochen fing für mich der Schulunterricht in der Fischbecker Schule wieder an.

Wer hat Ihren Säugling betreut?

Niemand Fremdes. Dafür hatten wir kein Geld. Zum Glück hatten wir einen alten Kinderwagen erworben, der auch als Kinderbett diente. Morgens kochte ich Babynahrung, die ich heiß in die Flasche füllte. Umwickelt wurde alles mit einer sauberen Windel (von denen wir auf Bezugsschein ein Mal zwölf Stück erhielten). Das Päckchen kam ans Fußende des Wagens unter die Decke. Und dann starteten wir zu unserem Marsch durch die Heide – Mutter und Kind. Auf dem Schulhof wuchs ein Fliederbusch. Darunter stellte ich den Wagen. 1947 war zum Glück ein trockener Sommer. Meine Kolleginnen und Kollegen waren so freundlich, mir die Pausenaufsicht abzunehmen.

Was gab es für die Schüler zu essen?

Das Wichtigste für die Schulkinder, vielleicht auch für manchen Lehrer, war die Schulspeisung, die von CARE aus den USA organisiert worden war. Große grüne Tonnen, etwa einen Meter hoch, mit heißem Essen wurden am Ende des Schulunterrichts angeliefert. Jedes Kind brachte einen Napf und einen Löffel von zu Hause mit. Mit einer großen Kelle füllte ich alle Gefäße, und dann fing das Essen an. Es kostete wenig und war genug für alle. Ich glaube, dass die Schulspeisung einigen Kindern das Leben gerettet hat.

»Darüber dürft ihr nicht reden, das ist gefährlich«

Nationalsozialismus im Rückblick und Neuanfänge

Als Ihr Mann zum ersten Mal über Kindheit und Jugend unter Hitler geschrieben hat, hat Ihre Tochter kritisch angemerkt: »Papa, es wird nicht klar, warum du so lange ein politisch Nichtdenkender, ein apolitischer Mensch gewesen bist. Das Nichtwissen oder das Nichtwissenwollen über das, was mit den Juden passiert ist, kommt entschieden zu kurz.«

Mein Mann war über die Bemerkung seiner Tochter todunglücklich. Ich habe sie mir dann geholt und gesagt: »Wir haben versucht, dir alles zu erzählen, was wir wichtig fanden.« Wir haben daraufhin ein sehr, sehr langes Gespräch geführt und hinterher festgestellt – sie vor allem –, dass wir alles, was wir für wichtig hielten, beantwortet hatten, sie aber so gut wie keine Fragen gestellt hatte, und dass es bei solchen Gesprächen sehr wohl auf die Fragen ankommt.

Ihr Mann war enttäuscht, dass Susanne das so empfunden hat? Es ist doch eine normale Reaktion einer Generation, die wissen will, wie das damals passieren konnte und inwieweit die Eltern was darüber wussten oder nicht. Das ist eine ganz normale Reaktion eines jeden denkenden Kindes.

Natürlich, da gebe ich Ihnen recht. Nur haben wir beide, auch unabhängig voneinander, versucht, ihr alles zu erzählen. An ihren Fragen habe ich gemerkt, dass es eigentlich Kleinigkeiten, auch Tagessituationen waren, um die es ging. Susannes Fragen waren natürlich auch überspitzt. Selbstverständlich haben wir von den vielen jüdischen Freunden meiner Großeltern und meiner Eltern erzählt, auch, dass es KZs gab, aber wir haben ihr ebenfalls gesagt, dass wir erst sehr viel später davon erfuhren. Vielleicht haben wir nicht ausführlich genug die Gründe erklärt, warum wir nicht mehr haben wissen können.

Ihr Mann schreibt in seinem Buch, er habe während des Krieges zu niemandem so viel Vertrauen gehabt, »dass ich diesen Jemand mit dem Wissen von meinem jüdischen Großvater hätte belasten mögen.« Wie viel hat er Ihnen denn anvertraut?

Während des Krieges wusste ich das längst. Als ich die Heiratspapiere brauchte, bin ich zu meinem Schwiegervater gegangen. Da wusste ich, dass da ein jüdischer Großvater war, und auch, dass mein Schwiegervater den unterschlagen hat. Uns allen war natürlich klar: Solange diese blöden Nazis an der Macht waren, war das eine delikate Geschichte. Darüber wurde nicht geredet.

Wann und wie hat Ihr Mann von der Existenz seines jüdischen Großvaters erfahren?

Er selbst wusste das ja zunächst auch nicht so ganz genau. Als wir heiraten wollten, musste ich auch die Papiere sehen. Mein Schwiegervater hatte in seinen Papieren stehen: »Vater unbekannt«. Das hat er mutig hineingemogelt. Eigentlich wusste er, wie er hieß, und irgendwann hat er das mal seiner Frau erzählt. Meine Schwiegermutter hat ihren beiden Jungs gesagt: »Darüber dürft ihr nicht reden, das ist gefährlich.« Wann das genau war, wann Helmut das genau erfahren hat, können wir beide nicht mehr rekonstruieren, darüber haben wir uns natürlich oft unterhalten.

Aber es war doch sicherlich kein unwichtiges Thema, als Sie 1944 heiraten wollten?

Ja, aber nur weil wir diesen »Ariernachweis« brauchten.

Und weil in den Unterlagen stand »Großvater unbekannt« …

… war das damit erledigt. Helmut war Soldat in Bonn auf dem Venusberg. Ich musste meinen Antrittsbesuch machen bei seinem Kommandeur. Das war selbst im Krieg bei Reserveoffizieren noch üblich. Von Helmut hatte ich die Anweisung erhalten, bei dem Besuch den Mantel nicht auszuziehen, nur fünf Minuten zu bleiben und dann schnell wieder zu gehen. Ich hatte ein sehr hübsches, selbst genähtes Kleid, aber einen ganz schäbigen Mantel.

Ich nehme mal an, Sie haben sich an keine der Anweisungen Ihres Mannes gehalten?

Nein. Da waren der oberste Kommandeur und ein General. Ich machte also meinen Antrittsbesuch, wurde höflich mit »gnädiges Fräulein« begrüßt und kam in ein Zimmer mit Blick vom Venusberg auf das ganze Rheintal. Was mich überraschte, waren die Wände voller Bilder, die auch wir liebten. Ich habe da gestanden, fassungslos die Bilder angeguckt und mich auch geäußert. Daraufhin veränderte sich das Gesicht des Kommandeurs. Er zog mir meinen Mantel aus und sagte: »Sie trinken doch einen Tee?« Er orderte Tee, und dann haben wir uns über die Bilder unterhalten – hauptsächlich französische Impressionisten. Ob das alles Originale waren, weiß ich nicht, aber jedenfalls waren es Bilder, mit denen dieser Mann leben wollte. Wir haben uns nur über Bilder unterhalten, und als meine Teetasse leer war, habe ich mich pflichtgemäß verabschiedet. Er hat irgendwo den Bogen unterschrieben, dass wir heiratsfähig sind. Das war's.

Haben Sie von Auschwitz und der Judenverfolgung gewusst?

Darüber habe ich mich mit Mike Blumenthal mal länger gezankt.

Der ehemalige Finanzminister der USA.

Wir haben ihn kennengelernt, als er in Amerika Finanzminister war. Sehr viel später wurde er in Berlin Leiter des entstehenden Jüdischen Museums.

Warum haben Sie sich mit ihm gezankt?

Er hat Helmut bei einem Gespräch nicht geglaubt, dass er von Auschwitz nichts wusste.

Als Offizier?

Als Offizier, und er hat in der *Frankfurter Allgemeinen Zeitung* einen langen Aufsatz darüber geschrieben, dass es ihm als Amerikaner schleierhaft sei, dass die Deutschen und sogar ein ihm bekannter deutscher Offizier davon nichts wussten. Es war uns klar, dass damit Helmut Schmidt gemeint war. Das habe ich zum Anlass genommen, Mike Blumenthal einen ganz langen Brief zu schreiben.

Sie haben den Brief geschrieben, nicht Ihr Mann?

Der saß so in Arbeit. Er sagte: »Mike müsste mich eigentlich besser kennen, ich habe ihm das auch schon mal erklärt.« Ich habe versucht, ihm deutlich zu machen, dass man entweder in der Nähe eines Konzentrationslagers hätte wohnen müssen, um es zu bemerken, oder aber Bekannte haben, die ein bisschen Einblick hatten. Hier in Hamburg seien wir weitab vom Schuss gewesen. Außerdem waren wir damit beschäftigt, unsere jüdischen Freunde zu verstecken. Ich habe ihm auch geschildert, wie wir das gemacht haben.

Und wie haben Sie das gemacht?

Oben auf dem Boden. In dem Kinderreichen-Block in Horn, wo wir damals gewohnt haben, gab es einen Bodenraum als

Abstellraum. Jede Familie besaß dort einen Raum, wo man auch Wäsche aufhängen konnte. Meine Eltern hatten dort ein altes Regal. Mein Vater und ich waren schon einmal nach oben gegangen mit Büchern, die 1938 wohl auf die »schwarze Liste« gekommen waren.

Die haben Ihr Vater und Sie da versteckt?

Wir haben erst einmal die Umschläge abgerissen und sie ohne Umschläge ins Regal gestellt. Dann rückten wir das Bord etwas ab, sodass ungefähr achtzig Zentimeter Zwischenraum zwischen Regal und Wand waren, und richteten da ein primitives Matratzenlager ein. Ein Ehepaar übernachtete dort häufiger mal: Sie war Jüdin, eines der beiden Mädchen, die meine Großmutter als Kindermädchen betreut hatte. Wir nannten sie Tante Toni. Er war nicht jüdisch – Musiker bei den Hamburger Philharmonikern. Deswegen waren sie auch nicht weggegangen; sie dachten, mit ihm als Arier würde es schon gut gehen. Aber dann kamen Gerüchte auf, und sie haben sich versteckt. Sie benutzten ein bestimmtes Klingelzeichen, das immer nur abends im Dunkeln ertönte. Dann huschten sie schnell bei uns hinein, bekamen irgendwas zu essen. Einer stand auf dem Flur und lauschte, und wenn es ruhig war, schlichen sie nach oben auf den Boden. Meistens blieben sie nur eine Nacht. Sie verschwanden morgens, ohne sich von uns zu verabschieden, und wir wussten auch nie, wo sie hingingen. Sie hatten ein Netz von Freunden, Bekannten und wechselten ständig. Meine Eltern haben auch nie gefragt, wo sie gerade herkamen.

Wissen Sie, was aus dem Paar geworden ist?

Sie sind doch noch ins KZ nach Neuengamme gekommen, aber unmittelbar vor Kriegsende und wurden befreit. Sie hatten ein Häuschen in Neugraben, das sie sich angeschafft hatten, weil Neugraben von meinen Großeltern her so eine Art

Freundeszentrum geworden war. Nach dem Krieg bekamen sie ihr Häuschen zurück – es war ein Mittelding zwischen festem Haus und Wochenendhaus, und sie haben dann noch einige Jahre gelebt.

Wussten Sie von dem Konzentrationslager Neuengamme, dass es so etwas gab in der Nähe von Hamburg?

Ich?

Ja, in der Nähe von Hamburg …

Nein. Es gab auch in Neugraben ein Lager, meine Eltern wussten das. Es war wohl ein Arbeitslager mit hauptsächlich osteuropäischen und baltischen Flüchtlingen. Ich glaube, keine Juden. Unmittelbar nach Kriegsende ging es ihnen etwas besser, weil sie Lebensmittel bekamen. Sie wollten auswandern. Inzwischen hatten sie spitzgekriegt, dass meine Mutter gut nähen konnte, kamen also nachts und verhandelten mit ihr, und sie nähte und bekam dafür ein Stück Brot oder sonst irgendetwas. Als Helmut dann auch zurückgekommen war, ging er in das Lager, weil manche Insassen Englischunterricht haben wollten, denn sie wollten nach Kanada auswandern. Während seines Unterrichts bekam er Bohnenkaffee und schöne Kekse. Als sie hörten, dass ich in der Nähe wohnte, sagten sie: »Ihre Frau kann Sie doch mal abholen!« So bin ich da auch ein paar Mal gewesen und bekam auch Bohnenkaffee, dünn, sehr, sehr dünn, aber immerhin reinen Bohnenkaffee und Kekse. Das Lager wurde bald aufgelöst, weil alle, die nach Kanada wollten – und ich glaube, das waren mehr oder minder alle –, die Gelegenheit hatten, wegzukommen.

Loki, Ihr Mann hat in einem seiner Bücher geschrieben: »Man sprach davon, dass es in Hamburg ein Gefängnis gab, ob in Fuhlsbüttel oder sonst wo, wo Menschen einfach verschwanden. Man wusste, die politisch Andersdenkenden kamen da hin.« Haben Sie darüber geredet mit Freunden, mit Ihrem Mann in der Zeit?

Nein, wir waren alle, weil wir keine Nazis waren, sehr, sehr vorsichtig.

Wussten Sie während Ihrer Schulzeit, welche Lehrer an der Schule Juden waren? Sie haben einmal gesagt, das Kollegium bestand zum großen Teil aus Anti-Nazis. Wussten Sie genau, wer wer war?

Nein. Das haben wir eigentlich erst so im Laufe der Zeit herausbekommen. Wissen Sie, da kann ich nur Fritz Stern, den amerikanischen Historiker, mit dem wir befreundet sind, zitieren, der uns einmal gesagt hat: »Wisst Ihr, dass ich ein Jude bin? Mein Wissen darum habe ich dem Führer zu verdanken. Das wusste ich vorher nicht.« So ist das hier in Hamburg auch gewesen. Das war kein Thema. Dass die Mendels, die meine Großeltern so lieb behandelt haben, Juden waren, war völlig uninteressant.
Aber zurück zu Mike Blumenthal. Ich habe ihm also einen langen Brief geschrieben, auch, dass man unter unseren Lebensumständen nichts hatte erfahren können, weil man, wenn man nicht sicher war, mit wem man redete, den Mund hielt, und dass wir es erst voller Schrecken nach dem Krieg erfahren hätten.

Wie hat Mike Blumenthal auf diesen persönlichen Brief denn reagiert?

Er hat mir geschrieben, dass er den Brief erhalten habe.

Mehr nicht, quasi nur eine Empfangsbestätigung?

Aber nun kommt die Eröffnung dieses eigentlich Jüdischen Museums, bei der wir beide waren. Da hielt Mike Blumenthal eine lange Rede: Er sagte, dieses Museum solle nicht nur jüdisches Leben, jüdische Eigenart darstellen, sondern zeigen, wie schon im 19. Jahrhundert Juden und Christen in Deutschland zusammengelebt hätten und es eine kulturelle Blütezeit gegeben habe. Er stand da oben und guckte mich an. Ich habe ihn auch angeguckt, ich hätte ihn umarmen können.

Gab es denn noch einmal eine persönliche Versöhnungsbegegnung mit ihm?

Wir haben uns häufiger mal gesehen. Wir waren auch mal bei ihm, als er ein paar Freunde eingeladen hatte. Er war viel unterwegs, ist immer zwischen Amerika und Deutschland hin- und hergewandert. Wir haben nie lange und abschließend über den Brief geredet, aber mir war durch seine Rede ganz deutlich geworden, dass er ihn nicht nur sorgfältig gelesen, sondern auch sehr sorgfältig bedacht hat.

Viele Jahre später hat Ihr Mann ja versucht, den Lebensweg seines wirklichen Großvaters herauszufinden.

Zuerst war es eine Gruppe von drei Frauen an der Universität, die Historiker werden wollten, die ein bisschen nachgeforscht haben. Sie sind aber nicht sehr weit gekommen. Dann hat sich der Sohn der Familie bei mir gemeldet, die das Gumpel'sche Haus in Bernburg an der Saale gekauft hatte, als Gumpels auswandern wollten.

Also in Sachsen.

Ja, er war Lehrer, aber im Ruhestand, und versuchte, nicht nur eine Geschichte seiner Familie, sondern auch der Gumpels zu schreiben.

Was ist dabei herausgekommen? Viele sind ausgewandert …

Er hat aber noch mit einer Enkelin Gumpels in dessen Garten gespielt. Die Verbindung ist nie ganz abgerissen, und als das Mädchen später in Israel landete, ist die Verbindung bestehen geblieben. Diese Cousine von Helmut ist auch zweimal hier bei uns gewesen.

Wenn alles normal gelaufen wäre im Leben, liebe Loki, dann hießen Sie nicht Loki Schmidt, sondern Loki Gumpel.

Ja.

Um es noch mal zu erklären: Herr Gumpel hatte sich aus dem Staub gemacht, nachdem er offenbar durch eine finanzielle Zuwendung dafür gesorgt hatte, dass sein Kind – also der Vater von Helmut Schmidt – von dem Hafenarbeiter Gustav Schmidt und dessen Frau Katharina an Kindes statt angenommen worden war.

Wir haben die Adoptionsurkunde.

Wie haben Sie die denn bekommen?

Mein Schwager fand sie in den Papieren meines Schwiegervaters. Als mein Schwiegervater gestorben war, saßen wir ja in Bonn. Ich bin nur alle vierzehn Tage, wann immer ich hier in der Nähe war, zu ihm gefahren. Nachdem er gestorben war, räumten mein Schwager und meine Schwägerin, Helmuts jüngerer Bruder, sowie die beiden auch nicht mehr kleinen Kinder erst mal Opas Zimmer leer und fanden dabei auch die Adoptionsurkunde. Helmut bat seinen Bruder, sie ihm einmal zu zeigen, und kurz bevor mein Schwager starb, gab er meinem Mann die Adoptionsurkunde.

Das heißt, die Adoptionsurkunde seines Vaters, der damals von dem Hafenarbeiter Gustav Schmidt adoptiert wurde.

Natürlich alles mit der Hand geschrieben. Was ganz interessant ist und ein Licht auf die damaligen Verhältnisse wirft: Die Kindesmutter hat zugestimmt – das stand ganz unten drunter –, die spielte aber keine Rolle bei den Verhandlungen. Zwei Herren vertraten ihre »Rechte«.

Als Ihr Mann in den achtziger Jahren über seine Kindheit und Jugend schrieb, erwähnte er die Kindesmutter nicht.

Die Kindesmutter wurde damals auch gar nicht gefragt.

Man hat ihr das Kind weggenommen?

Nein. Zwei Zeugen, wohl Menschen, denen sie vertraute, haben das alles für sie abgewickelt. Sie kam irgendwo aus einem Dorf in Schleswig-Holstein und war – wie es damals hieß – in Hamburg in Stellung, wo sie dann von Herrn Gumpel verführt wurde. Und aus dieser kurzen Liaison entstand Helmuts Vater. So spielt das Leben manchmal …

Haben Sie mit Ihrem Schwiegervater später jemals über diese Dinge gesprochen?

Mein Schwiegervater war ein strenger, gerechter, aber verschlossener Mann. Dass man miteinander schmuste, wie bei uns zu Hause, habe ich dort nie gesehen. Meine Schwiegermutter war etwas weicher und zärtlicher. Ich vermute, dass mein Schwiegervater durch sein eigenes Leben dazu gebracht wurde, möglichst wenig an sich heranzulassen. Es hat bis zu seinem neunundachtzigsten Geburtstag gedauert – er ist beinahe dreiundneunzig geworden –, bis ich diese Wand durchbrechen konnte. Er sagte immer: »Was soll ich hier noch auf der Welt? Meine Freunde leben nicht mehr, und in Ohlsdorf auf dem Friedhof habe ich einen Platz.« Was sagt man als brave Schwiegertochter? »Nein, wir wollen dich besuchen.« Bis ich eines Tages zu ihm gesagt habe: »Du hast eigentlich recht, du hast recht. Wir können dich kaum besuchen, wir sitzen in Bonn, und Freunde sind hier nicht mehr, und so attraktiv ist dieses Haus eigentlich nicht, eigentlich hast du recht.« Da hat er mich angeguckt, ist aufgestanden, hat eine Flasche Cointreau geholt, zwei Gläser, hat die eingeschenkt, und dann haben wir uns zugeprostet. Von da an habe ich mit meinem Schwiegervater ganz wunderbare Gespräche geführt. Cointreau heißt bei uns deswegen »Opaschnaps«.

Worüber haben Sie gesprochen?

In diesen Gesprächen war es so – vielleicht zum ersten Mal in seinem Leben –, dass er sich auch ein bisschen, wie soll ich sagen, hat gehenlassen. Wir haben wirklich über Gott und die Welt geredet.

Es hat aber ziemlich lange gedauert, bis Sie Ihren Schwiegervater öffnen konnten …

Ja, dass er überhaupt noch über alles Mögliche reden konnte, war ja ein Glück. Wir unterhielten uns auch darüber, wie wohl der Übergang ist, wenn man sterben muss. Da hatte ich so eine Art kleine Vorerfahrung, das habe ich ihm natürlich erzählt. Es waren anrührende Gespräche, die ich nicht missen möchte.

Sie lebten in Bonn, Ihr Mann war Bundeskanzler. Wie hat er das Amt wahrgenommen?

Wenn ich ihn besuchte und Grüße von Helmut bestellte, fragte er: »Was ist Helmut man noch jetzt?« Ich antwortete: »Bundeskanzler.« – »Ach ja, Bundeskanzler.« Das war für ihn zu weit weg.

Ihr Schwiegervater kannte Sie seit Ihrem zehnten Lebensjahr. Er soll seinem Sohn schon früh gesagt haben: »Mit Loki hast du die Richtige.«

Das haben meine Schwiegereltern immer gesagt. Sie haben mich immer akzeptiert und gehofft, dass wir heiraten. Wir haben für die damalige Zeit ja nicht so früh geheiratet. Wir waren beide dreiundzwanzig, und immerhin kannten meine Schwiegereltern mich da schon ungefähr dreizehn Jahre. Nein, ich glaube, meine Schwiegermutter war immer der Meinung, Helmut und Loki heiraten später mal.

Wie kam das junge Ehepaar Helmut und Loki Schmidt nach dem Krieg finanziell klar?

Unsere Tochter Susanne ist 1947 geboren. Sie hatte als Dreijährige eine kleine Lederhose. Damit konnte sie rumrutschen. Als unsere Tochter allerdings in die höhere Schule kam, war es bei uns – obwohl mein Mann schon im Bundestag war – sehr knapp. Unsere Tochter trug weitgehend von mir genähte, sehr schöne Faltenröcke mit Schottenmuster und Ähnliches. Sie hat nie geklagt. Erst als sie erwachsen war, hat sie sich mal etwas darüber beschwert. »Immer diese selbst genähten Röcke, und dann musste ich die auch zwei Tage hintereinander anziehen, und die anderen zogen jeden Tag was anderes an.« So war es halt in den fünfziger Jahren bei uns.

Wie alt war Susanne, als sie rückblickend protestierte?

Da war sie sicher Studentin, oder vielleicht war sie schon fertig mit dem Studium, da hat sie mir das dann mal gestanden.

Selbst da noch, als Ihr Mann Abgeordneter in Bonn war?

Gucken Sie mal, Abgeordnete im Bundestag haben zu Anfang sehr wenig verdient, sie brauchten aber in Bonn ein Zimmer, irgendwo musste man ja sein müdes Haupt hinlegen. Sie brauchten eine Fahrmöglichkeit, um von ihrem Wohnort nach Bonn zu kommen und wieder zurück. Jede Woche zweimal. Sie mussten sich in Bonn auch irgendwo ernähren. Ich verdiente damals netto 250 Mark monatlich als Lehrerin. Immerhin war ich da schon dreizehn Jahre im Beruf.

Und Ihr Mann Helmut verdiente damals …

… seine Abgeordnetendiäten. Ich weiß nicht mehr genau, wie viel. Jedenfalls war es so knapp, dass ich mir überlegt habe, ob ich mir überhaupt noch ein paar Strümpfe kaufen konnte. Darum habe ich damals Buch geführt, Haushaltsbuch, in einer alten Schulkladde. Zufälligerweise ist ein Heft erhalten geblieben. Deshalb kann ich Ihnen sagen: 1953 kostete ein Ei 30 Pfennig. Wenn Sie sich jetzt einmal überlegen – 250 Mark bekam ich im Monat, ein Ei 30 Pfennig, ein Pfund Kaffee 10 Mark, und wir waren Kaffeetrinker, Susanne kriegte einmal im Monat eine ganze Tafel Schokolade, sie war ja ein kleines Kind, 1,10 Mark die billigste. Natürlich waren Grundnahrungsmittel billiger. Aber als wir nach Barmbek zogen und ich noch in Othmarschen unterrichtete, bin ich sonntagmorgens zum Fischmarkt gefahren, um billiges Gemüse und billige Wurst einzukaufen. Und das als Frau eines Abgeordneten, die einen eigenen Beruf hatte. Das muss man heute auch einmal laut sagen.

Wann hat sich denn die Situation entspannt? Als er 1961 Innensenator in Hamburg wurde?

Ja, da brauchte ich nicht mehr so zu rechnen, da hatte ich dann vormittags auch schon zwei, drei Stunden eine Putzfrau. Na ja, und dann ging es immer ein bisschen besser.

Sie haben in der Zeit immer noch als Lehrerin gearbeitet?

Ich hätte ja noch weitergearbeitet, wenn meine Behörde, bei der ich auf Lebenszeit beamtet war, damals nicht so strenge Auflagen gehabt hätte. Ich habe mich unbezahlt beurlauben lassen, als Helmut als Verteidigungsminister nach Bonn ging,

»Immer diese selbst genähten Röcke«:
Familienleben in den fünfziger Jahren.

und ein halbes Jahr später noch einmal. Da hieß es: Na ja, eine Ministerfrau hatten wir noch nicht. Wir genehmigen Ihnen noch einmal ein Jahr. Und dann habe ich einen Brief bekommen: Entweder, Sie fangen in einem Vierteljahr wieder an zu arbeiten, oder wir müssen Ihnen kündigen. Da ging es aber in Bonn ja erst richtig los.

Haben Sie in Bonn für den Moment überlegt, wieder zurückzugehen nach Hamburg, um als Lehrerin zu arbeiten? Haben Sie sich diese Frage gestellt?

Ursprünglich, als Helmut nach Bonn ging, hatten wir die Vorstellung: Okay, das ist ganz interessant, das machen wir ein paar Jahre. Dann wollte ich wieder als Lehrerin anfangen. Aus

Die vierzehnte Ehewohnung: Frühjahr 1962 vor dem Wohnhaus in Hamburg-Langenhorn.

den paar Jahren ist dann eine längere Zeit und vor allen Dingen für Helmut eine etwas größere Verantwortung geworden. Ich fand es damals ärgerlich, dass es hieß: Wir kündigen Ihnen jetzt, Sie kriegen aber eine Auszahlung. Eigentlich war ich ja auf Lebenszeit eingestellt worden. Ich habe 1940 angefangen, und die ersten zehn Jahre werden als Pensionsanspruch nicht mitgezählt.

Einfach gestrichen?

Gestrichen! Aber sie haben das Gehalt vom ersten bis zu meinem letzten Arbeitstag zusammengezählt und durch die Jahre geteilt. Ich verdiente 1940 126,23 Mark, also ganz viel ist dabei nicht herausgekommen. Im Flur unseres Hauses sehen Sie einen sehr schönen Nomadenteppich. Den habe ich mir von meinem Pensionsanspruch gekauft. Und Helmuts Arbeitszimmer am Brahmsee haben wir damit angebaut. Helmut ist, wenn er am Brahmsee arbeitet, in der Hälfte meines Pensionsanspruches, und meine Gäste trampeln auf die andere Hälfte. So eng waren damals die Beurlaubungsbestimmungen. Jetzt weiß ich, dass sich Lehrkräfte sechs, sieben Jahre ohne Gehalt beurlauben lassen können, damals nicht. Auch ein Teil der Geschichte.

Sie sind ja richtig erzürnt, Frau Schmidt.

So waren damals halt die Gesetze. Ich habe mich nach der Nazizeit genug über anständige Gesetze gefreut. Ich habe es hingenommen, aber wütend war ich doch.

Vor kurzem traf ich Peer Steinbrück zu einem Interview. Irgendwann sprachen wir auch über das Thema »die Frau an der Seite eines Ministers«. Steinbrück sagte: »Meine Frau hat mir frühzeitig klargemacht, dass sie als Appendix eines Politikers nicht funktioniert und nicht zur Verfügung steht.« Ich fühlte mich irgendwie an Sie erinnert, Frau Schmidt. Übrigens, Gertrud Steinbrück ist Lehrerin in Bad Godesberg, sie liebt ihren Beruf und will ihn für ihren Mann nicht aufgeben. Hat Ihr Mann früher versucht, Sie an seine Seite zu holen und Sie gebeten, den Lehrer-Beruf aufzugeben?

Nie. Bei uns hat es nie Schwierigkeiten gegeben. Als er nach dem Krieg aus dem Gefangenenlager kam, habe ich ja das Geld verdient und meinen Mann »ausgehalten«. Wir waren kein Einzelfall. Es hat unendlich viele Paare gegeben, bei denen die Frau das Geld verdiente, damit der Mann einen Beruf erlernen oder studieren konnte. Ich weiß noch, einige Männer hatten Schwierigkeiten, sich finanziell von der Frau abhängig zu fühlen.

Ihr Mann hat da nie ein Minderwertigkeitsgefühl gehabt.

Dazu neigt er nicht.

Zu irgendwelchen Minderwertigkeitsgefühlen …

Nein. Außerdem waren wir doch schon eine ganze Reihe von Jahren verheiratet, wir kannten uns ja schon endlos lange. Auf die Idee wären wir beide nie gekommen, aber ich weiß, dass es bei einigen Paaren durchaus psychische Probleme gegeben hat.

»Du hast ja wohl einen Vogel, dich irgendwie zu verbiegen«

Bonner Zeiten

Erinnern Sie sich denn noch an den 5. Mai 1974? An den Tag, als sich Willy Brandt im engsten Kreis in Münstereifel entschloss zurückzutreten und sagte: »Der Helmut muss das machen«?

Ich erinnere mich an den Tag. Ich hatte irgendetwas in Bonn zu tun und sollte erst nachmittags nach Münstereifel kommen. Ich fand da einen aufgeregten Bienenschwarm vor. Jeder sagte nur einen halben Satz, sodass ich mir alles zusammenreimen musste. Willy Brandt ist dann auch verhältnismäßig früh weggefahren. Alfred Nau, der für die Finanzen der SPD zuständig war, und seine liebenswerte Frau sagten: Wir treffen uns um fünf oder sechs bei uns. Wir müssen ja jetzt erst mal miteinander reden und sehen, was nun aus dieser Situation wird. Es gab also ein Treffen bei den Naus, wo versucht wurde, Klarheit in diese Situation zu bringen.

Wie hat denn Ihr Mann auf Willy Brandt reagiert? Was hat er ihm entgegnet?

Ich war ja nicht dabei. Mein Mann hat wohl zu Willy Brandt gesagt: Das, warum du zurücktreten willst, kann doch kein Grund sein. Da waren ja plötzlich irgendwelche Frauengeschichten mit ins Spiel gekommen. »Wegen Frauengeschichten tritt man nicht zurück.« Aber es war wohl so, dass Willy Brandt auch nicht mehr mochte, weil – dies die Vermutung eines absoluten Laien – ihm die Wirtschaftsverhältnisse und die Wirtschaftspolitik wohl über den Kopf gewachsen sind und er nicht mehr wusste, wo oben und unten war.

Warum waren Helmut Schmidt und Willy Brandt so unterschiedliche Menschen?

Komische Frage. Alle Menschen sind verschieden. Ich habe Willy Brandt ja etwas genauer kennengelernt. Wir konnten nicht miteinander. Das ist so, mit einigen Menschen kann man, mit anderen nicht. Meine Vorstellung von Willy Brandt ist anders als die der Allgemeinheit. Ich habe auch seine letzte Frau kennengelernt, die eine sehr energische Grüne war und dann bei der CDU landete. Aber darüber möchte ich nicht reden.

Er hatte, wie viele sagen, eine wunderbare Frau an seiner Seite, Rut Brandt, die Norwegerin.

So etwas Liebevolles, Bescheidenes. Nach dem Krieg hat sie als Norwegerin dafür gesorgt, dass Deutschland wieder einen, sagen wir mal, etwas besseren Namen hatte.

Wie gut kannten Sie sich – Rut Brandt und Sie?

Sehr gut kannten wir uns nicht. Aber manchmal ist es ja so bei Menschen, wenn man sich sieht, freut man sich. Ich glaube, das beruhte in diesem Fall auf Gegenseitigkeit.

Es war doch eine unerträgliche Vorstellung nach der Guillaume-Aufdeckung, dass die Stasi in Ost-Berlin den Bundeskanzler der Bundesrepublik stürzen kann …

Das haben wir ja damals alle nicht gewusst. Auch nicht, dass die RAF von der DDR gestützt wurde und Mitglieder dort Unterkunft gefunden haben. Das hat man doch alles erst später herausgefunden. Von heute aus gesehen, ist es leicht zu sagen: Ach so, darum.

Aber das mit Guillaume wusste man, das war ja einer der Gründe, weshalb Willy Brandt zurücktrat. Guillaume war enttarnt, und das war eine große Niederlage für Willy Brandt.

Ja, aber Guillaume, die Zeugenaussage eines Sicherheitsbeamten, in der es um viele Frauengeschichten ging, das war vordergründig. Ich glaube, dass Willy Brandt in dem Augenblick oder schon länger …

… amtsmüde war.

Ja. Außerdem hatte er schon Jahre vorher immer mal Depressionen gehabt, dann war mit ihm überhaupt nichts anzufangen.

Davon hat Ihr Mann schon mal gesprochen, das heißt, dann fiel Brandt komplett aus.

Dann fiel er aus und verschwand auch. Er war dann nicht zu erreichen, ließ alles laufen.

Depressionen sind etwas Grauenhaftes, sagen die Menschen, die darunter leiden. Eine Zelle der Einsamkeit, aus der man nicht rauskommt.

Wenn ich jetzt sage, ich habe nie Zeit gehabt für Depressionen, klingt das etwas überheblich, aber ich kenne einige Menschen, die unter Depressionen gelitten haben oder leiden. Nur, wenn ich mir deren Leben angucke – irgendwie muss man sich doch so wie Münchhausen aus dem Schlimmsten ziehen können.

Frau Schmidt, bei manchen ist es aber eine Art chemischer Prozess im eigenen Körper, dann ist die Depression nicht einfach zu bewältigen, indem man sich selbst an den Haaren aus dem Sumpf zieht.

Nein, wahrscheinlich bin ich da überheblich. Natürlich hatte ich Phasen in meinem Leben, wo nichts funktionierte und ich am liebsten unter die Bettdecke gekrabbelt wäre, aber da war immer irgendetwas, das ich tun musste.

Wann war denn die Phase, dass es Ihnen so ging?

Das ist häufiger mal vorgekommen. Wahrscheinlich, wenn man überarbeitet war.

Sie sprechen jetzt in der sicheren Man-Form. Sie sagen nicht, ich *war überarbeitet.*

Na ja. Wenn ich mir heute die Lebensläufe von Menschen ansehe, die sagen: »O Gott, o Gott«, dann denke ich manchmal, so ein gemütliches Leben hätte ich auch haben mögen. Auf der anderen Seite glaube ich, dass, wenn es ganz, ganz knüppeldick kommt, wenn es also um die Selbsterhaltung oder die Rettung von Familienmitgliedern oder Freunden geht, Energien frei werden, von denen man gar nicht geahnt hat, dass sie da sind.

Die Energien haben Sie bei Willy Brandt nicht gesehen?

Über Willy Brandts Abschied möchte ich nicht weiter reden.

Auf der anderen Seite besaß Willy Brandt ja fast charismatische Fähigkeiten, er war ein hinreißender Redner vor großen Versammlungen, und er hatte eine faszinierende Ausstrahlung auf Frauen.

Ja, seltsam.

Auf Sie nicht?

Nein, und wenn ich ihn habe reden hören, bin ich nie hingerissen gewesen.

Wie fanden Sie Ihren Mann als Redner?

Da habe ich wahrscheinlich kritischer zugehört, aber ich fand ihn eigentlich immer überzeugend, und jetzt, wo er keine Wahlreden mehr zu halten hat, finde ich seine Reden eigentlich immer hervorragend *(lacht)*, muss ich ganz offen bekennen. Das sage ich ihm natürlich nicht.

Wir waren ausgegangen vom 5. Mai 1974. Sie sind nach Münstereifel gefahren. Können Sie mir näher schildern, wie das ablief und zur Entscheidung kam und wie Ihr Mann Helmut Schmidt Ihnen das mitgeteilt hat?

Also, wir waren bei Naus, dann sind wir nach Hause gegangen.

Nach Hause nach Bonn?

Ja. Dann hat mein Mann zu mir gesagt: »Es hilft mir wohl nichts. Irgendwie muss das ja weitergehen.« Sonst haben wir nicht viel geredet.

Er hat gesagt: »Loki, ich glaube, ich muss es jetzt machen«, oder wie hat er das gesagt?

»Ich muss das wohl machen. Es muss ja weitergehen.« »Vorübergehend« hat er, meine ich, gesagt, oder »Erst mal muss ich das machen«.

Inwieweit war Ihnen bewusst, dass sich Ihr Leben dadurch noch einmal verändern würde, auch ihr persönliches Leben?

Ich glaube nicht, dass ich gedacht habe, dass sich das Leben grundsätzlich ändert, denn ich war ja nun schon Verteidigungsministerfrau gewesen und habe versucht, meinem Mann zu helfen, indem ich mich um Soldatenfrauen und -familien gekümmert habe. Die Soldaten wurden ja sehr viel hin und her versetzt, und die Frauen saßen da mit der Familie und mussten hinterherziehen. Es kamen neue Offiziere ins Ver-

Auf dem Parkett: Bundespresseball 1970 …

teidigungsministerium, und die Frauen mit den Kindern und dem Gepäck kamen hinterher. Da habe ich Listen aufgestellt über die verschiedenen Schulen und Schultypen in Bonn, wo sich die nächsten Apotheken befanden und so weiter. Ich habe den Männern auch immer schon irgendein Formular für das Wohnungsamt in die Hand gedrückt.

Das Protokoll auf der Hardthöhe im Verteidigungsministerium galt als ziemlich konservativ und starr.

Wir kamen dahin. Auf einmal hieß es: »In drei Wochen ist das Sommerfest, wenn Sie die Liste der Eingeladenen sehen wollen, kann sie Ihnen jemand aus dem Protokoll geben.« Aus. Unmittelbar danach bin ich zum Protokollchef gegangen und habe gesagt: »Die Gäste sind von meinem Mann und mir eingeladen. Ich möchte gern wissen, was das für Gäste sind.« Die Menschen kannten wir kaum.

Das heißt, die Schmidt'sche, als sie auf die Hardthöhe kam, hat erst einmal das Protokoll durcheinandergewirbelt?

Nein, nicht durcheinandergewirbelt, das Protokoll und ich waren nach einer gewissen Zeit ein Herz und eine Seele.

Das hat ein bisschen gedauert?

Nein, nicht einmal ein Vierteljahr. Kurz vor Weihnachten kam der Protokollchef zu mir und sagte: »Frau Schmidt, wir haben uns überlegt, ob es nicht schön wäre, wenn sich nach einem Konzert die Türen auftun, die Damen herauskommen, und vor der Tür stehen alle Generäle und bieten ein Glas Sekt an?«

Und die Generäle taugten zum Kellner?

Ja, und denen hat das einen Mordsspaß gemacht. Die Tür ging auf, und da standen sie in ihren Uniformen und mit den Tabletts mit Sektgläsern, und vor allem die kleinen Schreibmädchen sind fast umgefallen vor Wonne. Ich hatte zum Adventskaffee nicht nur die Offiziersfrauen, sondern auch alle weiblichen Mitarbeiter eingeladen.

… und hinter den Akten in ihrem Bonner Büro (1980).

Hamburger Bürgerschaftswahl, März 1974: Helmut Schmidt als Bundesfinanzminister an der Wahlurne in Langenhorn.

Danach waren Sie Finanzministerfrau.

Dann war ich Finanz- und Wirtschaftsministerfrau. Da war nicht viel zu tun. Natürlich habe ich die Damen der Beamten auch mal zum Kaffee eingeladen, wie ich das vorher auch gemacht hatte. Helmut fragte hinterher: »Wie war es denn?« Es ist ja immer interessant zu sehen, welche Frau zu welchem Mann gehört.

Dann kam die Vereidigung zum Bundeskanzler. War das ein besonderer Tag?

16. Mai 1974 im Plenarsaal des Deutschen Bundestags:
Mit Tochter Susanne (li.) und den Sekretärinnen von Helmut Schmidt bei der Wahl des Bundeskanzlers.

Da habe ich oben neben meiner Tochter im Plenarsaal gesessen. Sie tun so, als wäre das irgendein ganz herausragendes, ganz wichtiges Ereignis gewesen. Das war es nicht. Eine etwas andere, ich will das mal schnodderig sagen, eine etwas andere Arbeitsstelle mit etwas größerer Verantwortung, aber die Verantwortung auf der Hardthöhe war auch sehr groß gewesen. Was Sie vielleicht nicht wissen – mein Mann hat ja unendlich viel auf der Hardthöhe verändert. Nicht umsonst hat er sich Theo Sommer geholt. In der Struktur ist sehr viel geändert worden, mehr zu einem – sagen wir mal – Bürgerheer. Das ist ja gar nicht so sehr nach außen gedrungen. Für uns war die Vereidigung zum Bundeskanzler jedenfalls der Anfang von mehr Arbeit. Gut, ich habe am Abend nach der Vereidigung zu meinem Mann gesagt, wenn das unsere Eltern noch erfahren hätten, die hätten sich aber gewundert.

Also, so ein kleiner Stolz war schon da. Helmut, jetzt bist du Kanzler.

Als Kanzlergattin mit Journalisten in der Bonner Privatwohnung: Evi Keil von der *Bild*-Zeitung und Sven Simon Ende Mai 1974.

Mein Schwiegervater lebte noch, in einem Altersheim hier in Hamburg, ihm habe ich das natürlich erzählt. Er hat es zur Kenntnis genommen und dann beim nächsten Mal gefragt: »Wie heißt das man noch, was Helmut jetzt ist?«

Ihr Mann ist dann nicht Parteichef geworden, sondern war zu seiner Zeit der einzige Bundeskanzler …

Das ist sicher etwas, was hervorzuheben ist.

… der nicht zugleich Vorsitzender der Regierungspartei war.

Er hat dann mit Willy Brandt geredet und gesagt: »Wenn du möchtest, bleib du doch Parteichef.« Dass das vielleicht nicht ganz glücklich war später, ist eine andere Sache. Er wollte nicht, dass Willy Brandt, der von vielen sehr geachtete ehemalige Bundeskanzler, in der Versenkung verschwand. Was er sich damit eingehandelt hat, hat man dann etwas später gemerkt.

Haben Sie gedacht, als Sie 1974 Kanzlergattin wurden, jetzt muss ich hier die Lady an der Seite meines Mannes geben?

Ja, natürlich habe ich mich gefragt, ob ich nicht vielleicht eine etwas gepflegtere Sprache sprechen müsste. Aber ich war immerhin schon fünfundfünfzig, und nach ganz kurzer Zeit habe ich mir gesagt: Du hast ja wohl einen Vogel, dich irgendwie zu verbiegen. Du hast über die Hälfte deines Lebens hinter dir, und wer dich nicht leiden mag, hat selber schuld. Es gab da ein ganz lustiges Gespräch: Unmittelbar nach dieser Vereidigung war »Klein Axel«, der Sohn Axel Springers, mit dem Journalisten Hermann Schreiber, der damals noch beim *Spiegel* war, bei mir in dem neuen Bungalow, den sie sich mal angucken wollten. Hermann Schreiber sagte zu Klein Axel: »Die verändert sich hier auch so wie alle anderen, wenn sie erst mal zu den Oberen gehört.« Da hat Klein Axel gesagt: »Die, die verändert sich nie.« Die beiden haben sich so ein bisschen gestritten, und dann habe ich gesagt: »Kinders, lasst die Zankerei. Heute in einem Jahr treffen wir uns wieder hier zum Kaffeetrinken.« Das haben wir gemacht.

Wie fiel das Urteil ein Jahr später aus?

Kaum dass der Kaffee eingeschenkt war, habe ich Hermann Schreiber gefragt: »Habe ich mich verändert?« – »Ne«, sagte er, »haben Sie nicht.« Da habe ich gesagt: »Das haben Sie nicht gemerkt, ich habe mich natürlich verändert. Ich bin nämlich misstrauischer gegenüber Menschen geworden.«

Wodurch ist dieses Misstrauen im Bundeskanzleramt entstanden?

Weil ich gemerkt habe, dass viele Menschen nicht Ja – Ja, Nein – Nein sagen.

Als Hamburgerin sind Sie es gewohnt, dass ein Ja ein Ja ist und ein Nein ein Nein. Haben Sie sich da mal beklagt bei Ihrem Mann, oder haben Sie ihm gesagt, das ist ja eine ganz andere Welt hier?

Wie komme ich dazu, der hatte einen 16-Stunden-Tag hinter sich, wenn ich ihn um halb eins nachts halbwegs lebend wieder zurückbekam. Nein. Ich habe brav meine Pflichten getan.

Sie sollen eine richtig hartnäckige Nahkämpferin gewesen sein, besonders dann, wenn Ihnen die Fotografen zu sehr auf die Pelle rückten.

Ja. Manchmal habe ich sie geknufft, manchmal aber auch getreten.

Sie haben getreten? Die Fotografen?

Getreten, ja, auf ihre Füße. Die, die mich nicht erkannt hatten, dachten, das ist schon wieder so ein Besen, der uns da im Wege steht, wir wollen doch jetzt die Gladiatoren fotografieren. Da hat es oft ein Paar Strümpfe gekostet, wenn man ins Gedränge kam, und ich habe mit meinen spitzen Hacken häufiger getreten, und dann folgte das leichte Erschrecken bei den Fotografen.

Es gibt eine komische Szene aus dem Alltag Ihres Mannes zwischen 1974 und 1982, und zwar vor dem Kanzler-Bungalow. Sie kommen zu Fuß und haben eine Handtasche in der Hand und rechts noch eine Plastiktüte.

Eine Aktentasche und eine Plastiktüte?

Ja, und jetzt kommt Ihr Mann, standesgemäß vorgefahren mit dem Mercedes. Er steigt aus, sieht die Journalisten und fragt: »Wer hat euch hier alle reingelassen? Wollt ihr noch in mein

Schlafzimmer kommen?« Die Journalisten antworten: »Ja, ja.« Ihr Mann kontert: »Ja, das glaube ich. Vor allem die Damen haben laut Ja gesagt, habt ihr das gehört?«

Ich habe ihm gedroht, weil er so schlecht mit den Journalisten umgegangen ist, aber ich muss dazusagen, dass ich in der Zeit auch immer einen Fahrer und ein Auto zur Verfügung hatte. Nur ist der nicht vorgefahren, sondern hat irgendwo ein bisschen früher gehalten.

Frau Schmidt, darf ich Sie unterbrechen, ich habe das eigentlich anders verstanden. Sie haben Ihrem Mann gedroht, weil er das mit den Frauen und dem Schlafzimmer gesagt hat. Sie standen da hinter der Tür und haben den Finger gehoben und gesagt: »Du Schlingel, du merkst ja gar nicht, dass ich da bin und alles mitgehört habe.«

Wenn Sie das jetzt als Ehestreit werten …

Nein, so weit würde ich nicht gehen …

… dann haben Sie sich aber geirrt.

Es war einfach ein köstlicher Moment. Schließlich gehen Sie dann Arm in Arm zusammen in den Bungalow.

Wir haben uns gefreut, dass wir uns wieder hatten.

Wie war denn die Beziehung zu Herbert Wehner? War das eine intensivere, eine persönlichere als die zu Willy Brandt?

Herbert Wehner hat es einem nicht leicht gemacht.

Warum?

Wenn irgendwelche größere Geschichten waren, saß Herbert Wehner knurrig da und flüsterte mit Greta. Sie waren noch nicht verheiratet zu der Zeit, sie war damals noch seine Stieftochter. Und dann sah ich, dass Greta irgendwo hinten in die Ecke des großen Saals ging und mit jemandem redete, ihn manchmal auch holte und zu Herbert Wehner setzte. Herbert Wehner hatte einen sechsten Sinn für Menschen, die irgendwo nicht dazugehörten.

Die nicht integriert waren, die am Rande standen?

Die in dem Augenblick, in der Situation ein bisschen einsam und verloren dasaßen. Das habe ich immer bewundert; trotz aller Beschäftigung hatte er die Menschen insgesamt im Blick.

Hat er einen besonderen Blick auch für Sie gehabt, hat er Sie verstanden, oder fühlten Sie sich verstanden von Herbert Wehner?

Ich glaube nicht, dass ich mir jemals den Kopf darüber zerbrochen habe, ob mich jemand versteht.

Wie hat sich Wehner im Laufe der Zeit verändert?

Juni 1974: Im Kanzlerbungalow.

Er bekam irgendwann Alzheimer. Dass das Alzheimer war, wussten wir aber nicht. Wir merkten nur, dass er noch etwas unberechenbarer als vorher war.

Wie hat sich das im Alltag geäußert, dieses Unberechenbare?

Ich will Ihnen einen krassen Fall schildern, als die Krankheit schon weiter fortgeschritten war. Wir haben ihn hin und wieder mal besucht, als er keine öffentlichen Ämter mehr innehatte. Hat er die Tür aufgemacht oder Greta? Das weiß ich nicht mehr, jedenfalls hat er uns angepöbelt: »Was wollen diese fremden Leute hier, die sollen machen, dass sie wegkommen.« Dann hat Greta gesagt: »Das sind doch Helmut und Loki, und die kommen jetzt hier rein.« Wir haben uns an den Kaffeetisch gesetzt, und er hat unartikulierte Laute, aber Unmutslaute, von sich gegeben. Dann wurde er still, und plötzlich kam seine Hand und hielt meine fest und drückte sie, da hätte ich heulen können.

Da war dann plötzlich ein klarer Moment.

Er muss gespürt haben, dass er uns vorher nicht gut behandelt hat. Dieser leise Händedruck, so eine Mischung zwischen »nicht böse sein« und »ich mag euch doch«, den werde ich nie vergessen.

Er hatte kurz vorher noch eine besondere Auszeichnung erhalten. Den Ehrendoktortitel der Universität Haifa. Erinnern Sie sich an die Verleihung?

Da er nicht mehr reisen konnte, fand die Verleihung in Godesberg in einer Halle statt. Der Saal war übervoll natürlich. Wehner wurde mit einer Rede gelobt und sollte sich dann bedanken. Er hatte ein DIN-A4-Blatt, las aber nur die Anrede und fing dann an, frei zu reden. Er erzählte von Briefen, die er bekommen habe und die ihn sehr gelobt hätten, und redete richtig wirr. Es herrschte Schweigen, ein eisiges Schweigen, und irgendwann sagte er wohl »vielen Dank«. Als er wieder anfangen wollte zu reden, hat ihn jemand sanft vom Podium genommen. Ich weiß nicht, wie viele Fernsehsender da waren, und ich habe nur gedacht: O Gott. Abends habe ich Fernsehen geguckt und mich zum ersten Mal über die deutsche Presse gefreut. Von seinem seltsamen Gestammel, von seinem Eigenlob war nichts da. Sie haben so sorgfältig geschnitten, dass es eine kurze, vernünftige Dankesrede war, und zwar bei allen Sendern. Da habe ich mich über den Anstand der Presse richtig gefreut. So habe ich das nie, nie wieder erlebt.

Sie sind jetzt richtig gerührt, wenn Sie über Herbert Wehner sprechen.

Nein, jetzt bin ich noch nachträglich gerührt über die deutsche Presse. Das war so ungewöhnlich und beinahe liebevoll.

Ihr Mann hat ja auch, sehr überraschend für einige, später in seinen Büchern sehr liebevoll über Herbert Wehner geschrieben.

Herbert Wehner war absolut zuverlässig. Er wollte gern Minister für gesamtdeutsche Fragen bleiben, als mein Mann Bundeskanzler wurde. Da hat mein Mann gesagt: Er soll Fraktionsvorsitzender werden, ich muss den Rücken frei haben. Das hat Herbert Wehner auch gemacht. Auf Herbert Wehner, seine Frau Lotte und seine Stieftochter und spätere Frau Greta konnte man sich wirklich hundertprozentig verlassen. Das hängt ein bisschen mit dem zusammen, was ich am Anfang gesagt habe. Als ich in den ersten Monaten im Bundeskanzleramt merkte, dass die Rede durchaus nicht Ja – Ja und Nein – Nein ist. Da war so etwas natürlich ein wunderbarer Halt.

Der »Deutsche Herbst« 1977. Wie nah waren Sie Ihrem Mann in dieser Krise der Bundesrepublik?

Natürlich haben wir uns abends, wie eigentlich während der ganzen Bonner Kanzlerzeit, noch einen Augenblick zusammengesetzt. Meistens sagte er: »Mach mir mal eine Kleinigkeit zu essen. Ich mache inzwischen ein bisschen Krach.« Dann ging er an den Flügel, der leider meistens verstimmt war, und spielte ein bisschen vor sich hin, und ich machte ihm was zu essen.

Hatten Sie Angst, möglicherweise selbst Opfer werden zu können?

Nach dem Überfall auf die Botschaft in Stockholm sind wir nachts durch den kleinen Park gegangen, den es bei dem Kanzler-Bungalow gab, und haben uns darüber unterhalten, wie das alles weitergehen würde. Wir haben uns gegenseitig versprochen, falls einer von uns gekidnappt würde, auf nichts einzugehen, das den Staat korrumpieren würde. Von da an ist es uns beiden besser gegangen. Den Entschluss dazu hatten wir beide unabhängig voneinander gefasst. Wir hatten dann ein ruhigeres Gefühl.

Sie sind nach dieser gemeinsamen Entscheidung während der Schleyer-Entführung zum Bundeskanzleramtsminister gegangen und haben ihm das mitgeteilt?

Ja.

Haben Sie das schriftlich niedergelegt?

Das ist schriftlich niedergelegt, und wir haben es unterschrieben.

Die Regierung ist damals auf keine Forderung der Terroristen eingegangen, anders als beim Entführungsfall von Peter Lorenz.

Da war mein Mann wirklich sehr krank, er hatte vierzig Grad Fieber, eine ganz dicke Grippe. Er wollte aber nicht ins Krankenhaus und hat im Bett gelegen. Ich habe morgens Fieber gemessen und mit unserem Arzt telefoniert. Der hatte mit mir abgemacht: Wenn soundso viel Fieber, von dem und dem Medikament soundso viel. Mittags habe ich dasselbe gemacht. Mein Mann war eigentlich nicht richtig arbeitsfähig. Fassen Sie mit vierzig Fieber und furchtbar vielen Medikamenten mal einen klaren Entschluss! Da ist auf die Terroristen eingegangen worden. Es war hinterher ja nicht mehr zu ändern, aber für meinen Mann war ganz klar, das kommt nicht wieder vor.

Sie wollen sagen, dass die Entscheidung, Konzessionen zu machen, im Falle der Entführung von Lorenz ein Fehler war?

Das meinen wir beide.

Und der Grund dafür war die Krankheit?

Sonst hätte mein Mann sich besser durchgesetzt. Andere, von denen es auch abhing – ich will Namen nicht nennen –, haben für Ausliefern plädiert. Ich vermute, wenn mein Mann klar im Kopf gewesen wäre, hätte er versucht, die anderen zu überzeugen, nicht nachzugeben. Später ist das ja geschehen.

Nach außen war Ihr Mann als Regierungschef jemand, der keine Schwäche zeigte.

Was verstehen Sie jetzt unter Schwäche?

Seine Körpersprache, sein Gesicht, das alles hat vermittelt, ich weiß, was ich tue.

Das ist aber auch seine innere Verfassung gewesen, denn man durfte innerlich seinen Gefühlen nicht nachgehen, sondern eisern stehen, er musste ja die anderen auch mit überzeugen.

Wenn Sie abends zusammensaßen und darüber sprachen, dass Hanns Martin Schleyer entführt wurde …

… wurden wir wütend. Wir kannten Herrn Schleyer ja. Aber wehleidig ist mein Mann nie gewesen, falls Sie das wissen wollen. Ich auch nicht. Das passte nicht in die Situation. Da musste man sich zusammennehmen und wollte es ja auch.

Haben Sie sich mal gefragt, warum Sie auf eine so harte Probe gestellt wurden?

Nein, nie. Andere Menschen werden auch auf harte Proben gestellt. Wenn man mittendrin ist, kann man doch nur sehen, dass man einigermaßen mit Anstand und gutem Gewissen herauskommt, zu was anderem ist da oben kein Platz mehr.

Erinnern Sie sich noch an den Tag, als Sie die Nachricht vom Tod Hanns Martin Schleyers erhielten?

Das war grauenhaft. Ganz schlimm wurde es ja hinterher, als sich herausstellte, dass man es möglicherweise hätte verhindern können. Für meinen Mann war das natürlich ganz besonders schlimm. Für mich war es auch nicht schön, denn mein Mann hatte im Bungalow häufiger Gesprächsrunden von Gewerkschaftern und Industriellen. Herr Schleyer ist immer dabei gewesen. Ich hatte die Gäste zwar jeweils nur begrüßt, ein paar freundliche Worte gewechselt und dafür gesorgt, dass sie was zu essen hatten, aber wenn man sich fünf-, sechsmal gesehen hat, entsteht da ja doch eine persönliche Bindung.

Haben Sie später Kontakt aufgenommen zu Frau Schleyer?

Nein.

Sie wollten nicht?

Nun sage ich das doch ganz offen: Man muss ja ganz schön schlucken. Das Leben geht weiter, muss weitergehen. Man ist für vieles verantwortlich, und irgendwo kriegt man den Kloß dann nur recht mühsam hinunter.

Wie ist Ihr Mann mit dem Kloß im Hals umgegangen?

So ähnlich wie ich. Mein Mann ist kein Mensch, der seine Gefühle dauernd auf einem Tablett vor sich her trägt. Das Leben ging weiter und wollte von einem Mann regiert werden, der da oben bei klarem Verstand war. Da hatte man keine Zeit, sich nachträglich noch ewig damit zu beschäftigen.

Vor wenigen Tagen ist Frau Schleyer gestorben. Kehren an so einem Tag die Erinnerungen an den deutschen Herbst zurück?

Nein, ich habe gedacht, als ich die Nachricht las, hoffentlich ist sie friedlich eingeschlafen, die Ruhe hat sie sich nun endlich verdient. Dass sie meinem Mann und der damaligen Regierung Vorwürfe gemacht hat, dass sie ihren Mann nicht gerettet haben, dafür habe ich Verständnis – was Frau Schleyer angeht. Grundsätzlich war ich diejenige, die zu meinem Mann gesagt hat: Die erpressen euch, nicht nachgeben. Aber von Frau Schleyer aus gesehen kann ich den Vorwurf verstehen.

War das für Ihren Mann damals auch eine persönliche Niederlage?

Eine ganz schlimme Sache. Natürlich war es auch eine persönliche Niederlage, aber vor allen Dingen hat ihm die Familie unendlich leidgetan. In dem Zusammenhang noch etwas, was ich damals als positiv empfunden habe: Fast jeden Tag haben sich Vertreter aller politischen Parteien, aber auch hochrangige Polizisten zusammengefunden, um die Situation zu besprechen. Das Positive war für mich, dass sie alle zusammengesessen haben und Parteipolitik nicht die geringste Rolle gespielt hat, sondern es ging nur um Deutschland und um diese ganz schlimme Situation. Das ist das einzig Positive, das ich in der Zeit sehr sorgfältig registriert habe.

Nun ging der Anschlag auf die Stockholmer Botschaft nicht gerade unblutig aus.

Nein, beileibe nicht. Als die Frau des Botschafters kurze Zeit später in Bonn war und mir sozusagen stellvertretend Vorwürfe machte, habe ich gesagt: »Ich will Ihnen von einer Nachtwanderung von meinem Mann und mir erzählen und welchen Beschluss wir gefasst haben.« Da hat sie mich angestarrt und ist mir um den Hals gefallen.

Das hatte sie nicht erwartet?

Das hatte sie nicht erwartet. Da hat sie aber, glaube ich, begriffen, dass es hier um Deutschland geht und nicht um eine einzelne Person. Das haben wir alles hinter uns. Ja, das ist so.

Warum hat Ihre Tochter eigentlich die Arbeitsstelle in Lüneburg nicht antreten können? Hat die RAF-Problematik eine Rolle gespielt?

Sie hat bei der Deutschen Bank in Frankfurt einen besonderen Kurs absolviert und sollte in Lüneburg eine Zweigstelle übernehmen. Was hab ich mich gefreut! Diese süße Stadt Lüneburg. Dann wurde sie nach Frankfurt zitiert, und es hieß: Es tut uns furchtbar leid, wir können Ihnen diese Zweigstelle nicht geben. Da steht dann links und rechts ein junger Mann mit einem Schießgewehr, und das mögen unsere Kunden nicht. Wir bieten Ihnen Tokio oder London an.

Die RAF-Problematik hat dazu geführt, dass Ihre Tochter den Job nicht bekam?

Die RAF-Geschichte hat dafür gesorgt, dass wir unsere Tochter loswurden.

Gab es nie wieder ein Zurück? Hat sie sich in London zu Hause gefühlt?

Lieber Reinhold Beckmann, wenn eine junge Frau …

… rausgeht in die Welt …

… kommt natürlich der eine oder andere. Und dann mag man aus einem Freundes- oder auch Liebesverhältnis in dem Alter nicht wieder zurückkommen. Irgendwann ist das so eng, dass man aus dem Grund nicht wieder weggeht. Nun wollen wir mal Susanne beiseitelassen. Wer sich den Begriff »Deutscher Herbst« ausgedacht hat, weiß ich nicht – aber wir haben nicht nur psychisch und physisch darunter gelitten, wir mussten auch dafür bezahlen, sodass unsere Tochter nicht mehr da ist. Das hat nichts mit unserer Liebe zu ihr und ihrer Liebe zu uns zu tun.

Wenn Sie heute zusammentreffen mit Ihrer Tochter, wird da viel über Vergangenes gesprochen?

Nein, eigentlich nicht. Wir sehen uns leider sehr wenig, aber wir telefonieren dauernd. Ich rufe sie manchmal auch im Büro an, wenn ich vermute, dass sie gerade mal ein bisschen Luft hat.

»Wo Menschen Menschen waren«

Politische Hausbesuche im Neubergerweg in Hamburg

Der sowjetische Parteichef Leonid Breschnew konnte nicht glauben, dass ein deutscher Bundeskanzler in einem derart bescheidenen Haus wohnt. Wie haben die Politiker auf Ihr Zuhause hier in Hamburg reagiert?

Darüber haben sich ja manche gewundert. Das Schönste aber war tatsächlich mit Breschnew, der konnte manches überhaupt nicht verstehen. Er fragte: »Wo ist die Mauer?« – »Was für eine Mauer?« – »Hier stehen doch überall Autos vor der Tür. Hier wohnen doch die Privilegierten, da muss doch eine Mauer drum sein.« Als wir ihm klargemacht hatten, dass hier kleine Angestellte wohnen und es eine Genossenschaftssiedlung ist, hat er sich ausgeschüttet vor Lachen und wollte es nicht glauben. Er dachte, das wäre ein Wohnbezirk für die oberen Hundert.

So wie er es gewohnt war von Moskau. Wie sehr hat sich das Misstrauen Breschnews und der russischen Delegation aufgelöst? Half auch ein bisschen Wodka?

Den Wodka hatte der Sicherheitsmann in der Tasche. Wahrscheinlich war er auch Mediziner für Breschnew. Uns hat beide Folgendes sehr gerührt. Dieser, sagen wir mal, Helfer, Aufpasser, flüsterte Breschnew etwas zu und sagte dann laut: »Herr Breschnew müsste mal für einen Augenblick verschwinden.« Wir haben ihn oben in das Badezimmer meines Mannes geschickt und nachher im Abfalleimer eine große Spritze gefunden. Er hat ihm also eine Spritze gegeben und sie einfach in den

Mit Leonid Breschnew im Neubergerweg.

Abfalleimer geworfen. Das war ein solcher Vertrauensbeweis, fanden wir, dass wir hinterher noch ganz gerührt waren.

Es war ja keine einfache Zeit, das Verhältnis zwischen Deutschland und Russland war immer noch von sehr viel Misstrauen gezeichnet. Wie wichtig war es, diese Hardline-Politiker wie Breschnew und Gromyko hier ganz privat in den Neubergerweg einzuladen?

Die waren natürlich auch neugierig. Ich glaube bestimmt, dass das eine Rolle spielte. Der Außenminister Andrej Gromyko hat nicht nur mir, sondern auch zwei anderen Botanikern zu einer wunderbaren Reise verholfen.

Wie haben Sie und Ihr Mann das denn vorbereitet, wenn zum Beispiel Breschnew mit seiner Delegation hier nach Hamburg kam?

Wir haben nie was Besonderes gemacht, sondern uns überlegt, wie viele Leute passen in unser Haus, muss ein großer Teil der Delegation irgendwo anders untergebracht werden? Das ging dann nach Rangordnung. Die Oberen durften bei uns essen, und die anderen kamen hier irgendwo in der Nähe in einem Lokal unter. Wir haben zum Beispiel mal – das ist wirklich eine niedliche Geschichte – den spanischen König und die Königin nach Hamburg gelockt, als hier eine besondere Opernaufführung war. Helmut hat zu mir gesagt: »Wir fragen die einfach, ob sie mit zu uns nach Hause kommen, mach mal ein bisschen Abendbrot fertig.« Ich hatte ein paar Schnitten im Kühlschrank. Nach der Oper haben wir sie gefragt, ob sie Lust hätten. »Ja«, und dann haben wir zu viert hier gesessen.

Schöne leckere Schwarzbrotschnitten mit Schinken und Käse für den spanischen König Juan Carlos?

So viel sei verraten, sie sind jedenfalls satt geworden. Der König, seine Frau und wir haben geklönt und geklönt. Nachts um drei habe ich gesagt: »Morgen haben wir alle noch einen anstrengenden Tag, ich glaube, wir sollten mal ins Bett. Wir sind vergnügt nach draußen gegangen, wo drei alte Damen auf Klappstühlen saßen. Sie sprangen auf, als sie den König sahen, und klatschten.

Die hatten bis morgens um drei gewartet und wollten den spanischen König sehen?

Das habe ich dann am nächsten Tag von meiner Nachbarin gehört, die zwischendurch Kaffee gekocht hat. Es waren ältere Nachbarsfrauen, die endlich mal einen König sehen wollten.

Auch wenn es morgens um drei ist.

Königin Sophia hat mir ins Ohr geflüstert: »Hoffentlich sind die nicht enttäuscht, dass ich keine Krone aufhabe.« Daran können Sie sehen, wie die Atmosphäre war.

Mit der spanischen Königin Sophia vor dem Kanzlerbungalow in Bonn.

Also der Neubergerweg – ein Mythos deutscher Entspannungspolitik.

Wollen wir mal so sagen: Es hat sich am Neubergerweg ereignet, dass »Menschen Menschen waren« – dass eigentlich alle das Gefühl hatten, hier kann ich mich nun mal gehenlassen, zumindest ein bisschen. Natürlich macht eine häusliche Atmosphäre und so ein vergleichsweise kleines Haus eine ganze Menge aus. Hier unten in unserem Esszimmer fanden die ersten sehr intensiven Gespräche über den Euro statt mit Giscard d'Estaing.

Es gibt ja dieses herrliche Bild von Giscard d'Estaing und Ihrem Mann an der Bar.

In der Bar sind sie dann auch mal gewesen. Giscard war ja häufiger zu Besuch.

Er sprach perfekt Deutsch?

Er ist in Deutschland geboren.

Würden Sie sagen, das war eine richtige Freundschaft zu Giscard d'Estaing?

Dazu muss man das Wort Freundschaft definieren. Es ist ein sehr herzliches Verhältnis zwischen den Männern gewesen. Bei ihr hat es etwas länger gedauert, ihr Vater ist bei den Nazis eingesperrt gewesen, was wir nicht wussten. Da kann man nicht gleich herzlich sein. Aber sie ist eine begeisterte Gärtnerin, und da waren wieder sehr viele Verbindungspunkte.

Loki, wenn wir gerade über Männerfreundschaften reden, dann gibt es eine Person, die Ihr Mann immer wieder hervorgehoben

Mit Giscard d'Estaing an der Hausbar.

hat, und zwar Anwar el Sadat, der ehemalige ägyptische Staatspräsident. Ihr Mann hat mal gesagt: »Ich habe ihn geliebt.«

Ja, vielleicht auch wegen des tragischen Endes und des Mutes, der dem voranging, aber auch, weil er durch Sadat zum ersten Mal die drei monotheistischen Religionen in ganz einfachen Worten vorgestellt bekommen hat. Sadats Idee war ja, dass die Menschen, die diesen drei monotheistischen Religionen anhängen, sich vertragen müssen. Das war der Grund, warum er nach Israel gefahren ist.

Eine mutige Reise, die nachher der Grund des Anschlags war und ihn das Leben gekostet hat.

Ganz bestimmt, denn das waren ja seine eigenen Soldaten, denen ist das zu fremd und mutig gewesen.

Sadat war der festen Überzeugung, dass die drei monotheistischen Religionen ihre gemeinsamen geschichtlichen Wurzeln haben.

Ja.

Wie sehr hat diese Idee auch Sie und Ihren Mann berührt?

Eigentlich denke ich immer noch, dass die Menschen, wenn sie dieses kleinliche Gezänk der letzten Jahrzehnte beiseiteließen und sich die drei Religionen in Ruhe anguckten, zu dem Ergebnis kommen müssten, dass das unsere gemeinsamen Wurzeln sind.

Sadat war der Meinung, der erste der großen gemeinsamen Propheten sei Moses gewesen, der am Berg Sinai die Gesetze, die Zehn Gebote, aus Gottes Hand empfangen habe. Sadat hat aber gesagt: »Ihr Europäer wisst nicht, dass Jesus nach Auffassung des Koran der zweitwichtigste aller Propheten war.«

Dezember 1977: Empfang im Abdin-Palast in Kairo bei Anwar el Sadat und seiner Frau Jehan.

Doch, das wussten wir schon, Isa.

Und Sadat sagt: »Ihr Europäer wisst es nicht.«

Heute weiß man es weniger als zu unserer Kinderzeit.

Haben Sie gespürt, dass es eine ganz besondere Beziehung war zwischen Ihrem Mann und Sadat?

Nein, das habe ich nicht gespürt, denn die beiden haben sich oft, besonders abends, auf dem Deck des Nildampfers, auf dem wir fuhren, zurückgezogen und da miteinander geredet.

In welcher Sprache?

Englisch. Ich habe mich viel mit seiner Frau unterhalten. Sie hatte Ideen, dass auch die Mädchen eine Schulbildung erhielten. Ich glaube, Sie ist geborene Engländerin. Schulbildung war unser Thema. Das war häufig das Thema, wenn ich mit Frauen aus der Region zusammen war. Kindererziehung und Schulbildung, Schulbildung für Mädchen, die damals dort nirgends eine Rolle spielte. Als Gastgeschenk nahm ich oft solide, farbige Holzbauklötze mit, mit denen man Farbnamen, Mengen- und Größenverhältnisse üben konnte und die leicht am Ort herzustellen waren.

Wo waren Sie 1982, als Ihr Mann durch das Misstrauensvotum sein Amt verlor?

Ich war auf einer Forschungsreise in Brasilien. Ich hatte zwar vor der Reise mitbekommen, dass die FDP sich absetzen wollte, aber ich hatte die Reise schon länger geplant. Zu Helmut habe ich gesagt: »Die Reise sage ich ab, ich bleibe hier.«

Sie spürten, dass da was querliegt.

Ja, das war klar. Helmut hat geantwortet: »Die sagst du nicht ab. Ich werde eine Rede halten, du kannst sie jetzt gleich lesen.« Unmittelbar vor dem Misstrauensvotum hatte er alle FDP-Minister abgesetzt. Er meinte, nun sei erst mal Ruhe und ich solle losreisen. Ich bin auch losgereist, zur Max-Planck-Station in Manaus.

Sie sind hingeflogen, und dann kam das Misstrauensvotum.

Davon habe ich in Brasilien zunächst nichts erfahren. Außerdem hatte mir der oberste Sicherheitsbeamte vorher gesagt: »Da kommt ein neuer Sicherheitsbeamter, den ich nicht gleich zu Ihrem Mann geben will, können Sie ihn mal so ein bisschen einarbeiten?« Ich habe geantwortet: »Ich nehme ihn mit auf Reisen. Wenn er das gut hinter sich bringt, hat er erstens was Tolles gesehen, und zweitens habe ich ihn ein bisschen eingearbeitet ...«

Haben Sie denn Nachricht erhalten? Wie ist das abgelaufen?

Ich war am Unterlauf des Amazonas bei seinem letzten Nebenfluss, dem Tabajos. Dort wurde früher Kautschuk angebaut. Da kam die Nachricht. Angerufen hat mich der deutsche Protokollchef. Ich wollte natürlich so schnell wie möglich zurück.

Sie haben sofort die Zelte abgebrochen und rein in den nächsten Flieger.

Am Tabajos gab es keinen Flieger. Ich habe erst mal unseren dänischen Freund Fin Larssen angerufen, der damals noch Vertreter einer brasilianischen Fluglinie war, und gesagt: »Fin, ich muss nach Hamburg zurück.« Kurz darauf rief er zurück – das war in einem Hotel an dem Nebenfluss: »Da kommt jetzt gleich ein kleines Flugzeug, das bei euch landen kann und dich nach Manaus ins Landesinnere bringt. Von da kannst du dann einen Flug nach Rio nehmen, von wo du nach Hamburg kommst.« Das hatte er alles organisiert für mich, es hat auch funktioniert, allerdings fast vierundzwanzig Stunden gedauert. Als ich ankam, saß mein Mann eigentlich ganz friedlich in Hamburg.

Er war inzwischen hier im Neubergerweg?

Nachdem der Misstrauensantrag Erfolg hatte, ist er ins Flugzeug gestiegen und nach Hamburg geflogen, wo die Hamburger abends einen Fackelzug für ihn veranstaltet haben, und am nächsten Tag war ich da.

In welcher Stimmung haben Sie Ihren Mann vorgefunden?

Ruhig und gelassen.

Haben Sie etwas anderes erwartet?

Nein.

Bei der Souveränität und Coolness Ihres Mannes …

Mich haben hinterher hier in Hamburg, aber natürlich auch in Bonn, viele Leute angesprochen: »Ist das nicht furchtbar, sind Sie nicht in ein ganz tiefes Loch gefallen?« Da konnte ich immer nur sagen: »Haben Sie schon mal gehört, dass wir in einer Demokratie leben? Und da wechselt das.« – »Ach, so sehen Sie das.« Ja, wie sollte man das denn sonst sehen.

Wie war Ihr Verhältnis zu Hans-Dietrich Genscher und Ihre Wertschätzung für ihn?

Mit ihm hatte ich nicht viel zu tun. Ich habe viel mit seiner Frau zusammengearbeitet, seiner zweiten Frau Barbara. Häufiger habe ich alle Botschafterfrauen eingeladen, das gehörte eigentlich zum Außenministerium, oder ich habe die Botschafterfrauen zu Konzerten eingeladen. Das habe ich immer mit Frau Genscher gemeinsam getan. Sie war damals ja noch sehr jung.

Ja, aber jetzt haben Sie die Frage nicht beantwortet. Ich hatte nach Hans-Dietrich Genscher gefragt.

Ich habe ihn privat eigentlich so gut wie gar nicht erlebt. Natürlich habe ich ihn bei den wöchentlichen Koalitionsessen erlebt, aber da war er einer von mehreren.

Dann frage ich anders, liebe Loki Schmidt.

Er war übrigens einer, der hinterher zu mir gesagt hat: »Meine Güte, war das ein schönes Essen! Das war ja genau so, wie man das im Hause haben mag.«

Gab es so was – das wäre ja verständlich gewesen – wie eine persönliche Wut auf Hans-Dietrich Genscher über sein Verhalten in dieser politischen Frage?

Nein.

Auch bei Ihrem Mann nicht? So gute Menschen können Sie doch gar nicht sein.

Natürlich ärgert man sich in so einem Fall und ein Politiker wahrscheinlich noch mehr als die dazugehörige Frau, dass man nicht vorher offen miteinander redet. Da sind wir wieder bei meinem ersten Eindruck von Bonn, als ich Hermann Schreiber gesagt habe: »Ich habe mich doch verändert, ich bin misstrauischer geworden.« Dahin gehört das.

Wie haben Sie denn an dem Tag, als Sie aus Brasilien zurückkehrten und Ihren Mann allein hier im Neubergerweg antrafen, mit ihm über die Situation gesprochen?

Er hat mir als Erstes von dem Fackelzug erzählt, weil das so rührend war.

Ihr Mann war gerührt. Das kennen wir gar nicht von ihm.

Sagen Sie mal, für wen halten Sie eigentlich meinen Mann? Ich wundere mich immer. Sie hätten ihn mal erleben sollen beim ersten Kind, da hatte er ja noch mehr Zeit als bei Susanne, wenn der seinen Sohn auf dem Arm hatte und mit ihm rumgeschäkert hat. Ein Mensch, der so viele Jahre im öffentlichen Leben steht, muss doch versuchen, seine Gefühle ein bisschen im Zaum zu halten. Mein Mann ist ein pflichtbewusster Mensch, sodass die anderen nicht unter seinen Stimmungen leiden müssen. – Gucken Sie mich nicht so ernsthaft an.

Das war sehr schön, was Sie gesagt haben. Jetzt bin ich gerührt.

Aber das ist doch selbstverständlich, finde ich.

Für viele aber nicht.

3. Oktober 1982: Fackelzug für Helmut Schmidt in Hamburg.

Aber für jemanden, der eine derartige Aufgabe aufgehalst gekriegt hat, muss es, müsste es selbstverständlich sein. Dass uns Leute in den letzten zehn Jahren gelegentlich belauern und sich wundern, wenn wir irgendwo Hand in Hand sitzen, ist doch albern.

Das ist ein schönes Bild. Ich weiß, dass es viele Menschen wirklich rührt, Sie beide händchenhaltend als Paar zu sehen.

Aber das geht doch nicht nur von mir aus, das möchte ich mal ganz ausdrücklich sagen. Ich greife doch nicht immer ins Leere, das kommt doch von beiden Seiten.

Was heute viele sagen: Das älteste verliebte Ehepaar Deutschlands sind die Schmidts. Das muss Sie doch glücklich machen. Sie haben ja mal gesagt, Sie hätten heute einen ganz anderen Mann als früher.

Ich habe nicht einen anderen Mann, er war ja immer da, aber er hatte keine Möglichkeit, keine Zeit, das zu zeigen. So, nächster Punkt.

Frau Schmidt, Sie sind so streng heute … Na gut, dann reden wir mal über einen anderen Mann: Franz Josef Strauß. Der war doch regelmäßig zu Gast bei Ihnen. Er nahm gern den Geheimweg durch den Garten des Bundespräsidenten. Warum kam er so gern in den Kanzlerbungalow?

Er kam, um sich ungestört mit meinem Mann zu unterhalten. – Ich bin früher gelegentlich am Tegernsee gewesen in einer sogenannten Schönheitsfarm …

Liebe Loki, mit Verlaub, was hat die Schönheitsfarm mit Franz Josef Strauß zu tun? Und was haben Sie dort gemacht?

Da habe ich mich vor allen Dingen ausgeschlafen und mich mit der Leiterin, einer ganz patenten Frau, die ihre Cremchen zuerst selbst gekocht hat, unterhalten. Sie mochte gern mit mir reden – »Was mache ich mit jemanden, der so und so ist?«, »Wie komme ich mit dem und dem zurecht?«, ohne Namen zu nennen. Was ich, wenn ich von München mit einer Taxe zum Tegernsee fuhr, von den Taxifahrern über Strauß gehört habe, ist, glaube ich, typisch. Fast alle haben furchtbar geschimpft und von seinen Frauengeschichten erzählt, aber dann strahlenden Auges gesagt: »Aber er ist ein Pfundskerl.« Die Stimmung in Bayern, was die Menschen angeht, die ich getroffen habe – das war ja nur eine kleine Gruppe, aber sehr unterschiedlich –, war vollkommen anders als die Stimmung im übrigen Land Strauß gegenüber. Das zu Strauß, mehr kann ich dazu nicht sagen.

Er hatte damals aber ein Bedürfnis, Ihren Mann öfter zu treffen. Es war nicht nur einmal, dass er rüberkam in den Bungalow. Was hat er gesucht? Hat er Ihren Mann so geschätzt?

Mein Mann hat ihn ja auch geschätzt, weil beide was im Koppe hatten und sich nicht mit kleinkarierten Dingen abgegeben haben. Ich war nie bei den Gesprächen dabei, die abends im Bungalow stattfanden. Die Presse hat von diesen Begegnungen nicht erfahren.

Und er ist gegen Ihren Mann angetreten im Wahlkampf, war aber letztendlich chancenlos.

Kein Kommentar.

Und was schätzte Ihr Mann an Franz Josef Strauß?

Strauß hatte eine Menge von der Welt gesehen. Er war ein Vollblutmensch.

Rainer Barzel, den wiederum Brandt nicht mochte aufgrund des konstruktiven Misstrauensvotums 1972, ist ja bis zu seinem Tod ein richtiger Freund von Ihnen gewesen.

Bei Rainer Barzel muss man vielleicht unterscheiden zwischen seinem Verhältnis zu meinem Mann und dem zu mir, wobei das Verhältnis zu mir damit zusammenhängt, dass ich bei all seinen menschlichen Katastrophen da war.

Rainer Barzel hat schwere Schicksalsschläge in seiner Familie erleiden müssen.

Und ich bin bei allen Trauerfeiern dabei gewesen.

Der frühe Tod seiner Tochter.

Die sich das Leben genommen hat. Da habe ich mich natürlich mit Ärzten unterhalten. Kind gesund, Familie glücklich – und trotzdem … Sie verstand sich gut mit ihrem Vater, mit beiden Eltern. Es gibt dafür einen medizinischen Fachausdruck, wenn nach der Geburt eines Kindes die hormonelle Umstellung der

Frau nicht richtig funktioniert. Und das war bei ihr der Fall. Ich kannte Kriemhild, seine erste Frau, es war eine Kinderfreundschaft zwischen Rainer Barzel und ihr.

So wie bei Ihnen auch, wie bei Loki und Helmut Schmidt?

Zusammen zur Schule sind sie nicht gegangen, aber sie kannten sich. Als sie plötzlich starb, bin ich bei der Beerdigung gewesen. Das war die erste katholische Beerdigung, die ich mitgemacht habe, und sie hat mich entsetzt.

Warum?

Weil es keine persönlichen Worte gab.

Die gibt es schon, es gab sie da nicht.

Ich habe in Bonn natürlich noch andere katholische Beerdigungen erlebt, es war immer derselbe Wortlaut, und es gab keine persönlichen Worte. Dann war ich auf der Beerdigung seiner Tochter. Später habe ich seine nächste Frau kennengelernt, die zwei-, dreimal mit ihm hier in Hamburg gewesen ist.

Ehefrau Helga Henselder-Barzel.

Sie hat ganz großartig die Welthungerhilfe geführt. Sie ist wirklich mit dem Schlafsack losgefahren, ich weiß nicht wohin überall, und hat nachgesehen, was mit dem Geld der Welthungerhilfe gemacht worden war. Ganz großartig. Dann habe ich auch seine letzte Frau kennengelernt, eine Schauspielerin, die aber auch als Regisseurin arbeitet, und habe mich gefreut, dass er in ein ganz anderes Milieu gekommen ist, mit Künstlern zusammen. Ich habe gedacht, das ist gut für ihn, für seine Psyche. Das war es auch.

Beim Geburtstag Rainer Barzels im Juni 1984.

Das heißt, Rainer Candidus Barzel war jemand, zu dem Sie eine enge Beziehung hatten, der Ihnen auch mal ein bisschen mehr erzählt hat?

Das stimmt. So eng, dass ich nun sagen würde, er sei mein Freund gewesen, war die menschliche Bindung zwischen ihm und mir nicht. Mir hat er als Mensch damals ganz furchtbar leidgetan.

Woher kam die Sympathie für Rainer Barzel, obwohl er im Oktober 1982 den konstruktiven Misstrauensantrag der CDU/CSU gegen Ihren Mann begründet hat oder begründen musste?

Das kann ich Ihnen nicht sagen. Bei mir kam sie ursprünglich sicher aus Mitgefühl, weil ich das alles in Bonn ja aus unmittelbarer Nähe erlebt habe. Später haben die beiden Männer einen guten Weg gefunden, sich miteinander zu unterhalten. Rainer Barzel war noch sehr lange der Meinung, Schmidt und Barzel müssten einen großen Aufruf machen, damit sich das kleinkarierte politische Leben in Deutschland ändert. Helmut hat Rainer Barzel immer wieder gesagt: »Wir sind zu alt, die Leute hören nicht auf uns«, und er sagte: »Doch, wenn wir beide uns zusammentun.« Da war er vielleicht schon nicht mehr ganz in der Gegenwart.

Rainer Barzel ist von seiner Partei später ja ziemlich fallengelassen worden.

Er ist von seiner Partei schlecht behandelt worden. – Er hatte uns eingeladen, als er seine letzte Frau geheiratet hatte. Die Predigt, die Rede bei der Hochzeit hat ein katholischer Pfarrer gehalten, der beim Essen neben mir saß. Mit dem ist immer noch Briefverkehr da. Wir konnten gut miteinander, und er freute sich eben auch, dass sich diese junge Frau aus einem ganz anderen Milieu um Rainer Barzel kümmerte und ihn die Trauer über den Tod seiner zweiten Frau überwinden half.

Rainer Barzel war in die Flick-Affäre hineingezogen worden, wurde zwei Jahre später, 1986, rehabilitiert, aber das hat seinen Rücktritt vom Amt des Bundestagspräsidenten ja nicht mehr rückgängig gemacht.

Zu seinem achtzigsten Geburtstag waren wir in München. Dort waren nur alte CDU-Mitglieder versammelt, die man alle von früher kannte, als sie mal in Bonn eine Rolle gespielt hatten. Im ersten Augenblick starrten sie uns an wie Geister, wir waren die Einzigen, die nicht zu dieser alten Garde gehörten. Dann kamen sie rührend auf uns zu, um uns zu begrüßen.

Aber von der aktiven Generation war keiner da. Wie enttäuschend war das für Barzel?

Frau Merkel war da, sie war aber noch keine Bundeskanzlerin und hat eine brave Rede gehalten. Aber sonst waren eben nur die alten CDU-Mitglieder von anno dunnemals da, die sich über uns wunderten und uns besonders liebevoll die Hände schüttelten. Ich habe auch noch einen Bekannten getroffen, einen engen Freund Ludwig Erhards. Wir hatten Erhard in den späten siebziger Jahren zu offiziellen Anlässen immer mit eingeladen. Der Freund kam an diesem Geburtstagsabend von Rainer Barzel auf mich zu und sagte: »Oh, wie schön, dass Sie da sind, ich muss Ihnen ja noch mal sagen, dass Sie beide, Ihr Mann und Sie, sich so fabelhaft um Herrn Erhard gekümmert haben, das werde ich Ihnen nie vergessen.« Das weiß ich noch, das war an Barzels achtzigstem Geburtstag. Dann wurde Barzel krank, und wir haben viel miteinander telefoniert, mit ihm, vor allen Dingen aber mit seiner Frau. Später sind sie noch einmal am Brahmsee gewesen, aber da hatte er schon einen Gehwagen, einen Rollator. Da kam er wieder mit der Idee: »Helmut, Sie müssen doch damit einverstanden sein, dass wir gemeinsam etwas veröffentlichen.«

Die haben sich immer noch gesiezt, Rainer Barzel und Helmut Schmidt? Die haben sich bis zum Schluss gesiezt?

Aber immer mit Vornamen, wie es in Hamburg üblich ist.

»Wenn es den Menschen wirklich schlecht geht, dann fällt sehr viel Lack ab«

Über Genossen und Zeitgenossen

Welche Erinnerung haben Sie an Wolfgang Vogel, den Unterhändler der DDR beim sogenannten Häftlingsfreikauf?

Wolfgang Vogel hat zu Herbert Wehner eine enge Verbindung gehabt, als Wehner noch Minister für gesamtdeutsche Fragen war. Ich habe ja schon erzählt, dass ich mit Vogel ans Grab unseres Sohnes nach Schönow gefahren bin. Anfang der siebziger Jahre, als Helmut schon Kanzler war, saßen Wolfgang Vogel, seine Frau, mein Sicherheitsbeamter und ich im Auto. Wir kamen aus Schönow. Vor uns war das Brandenburger Tor zu sehen. Auf einmal sagte Vogel: »Frau Schmidt, eines Tages werden wir wieder durch das Brandenburger Tor fahren können. Sie und ich, wir werden das wohl leider nicht erleben.« Das war auch ungefähr unsere Zukunftsvision, dass wir es wohl leider nicht mehr erleben würden, aber dass es eines Tages auf jeden Fall passiert. Dieser melancholische Satz klingt mir heute noch im Ohr.

Von 1964 bis 1989 war er der Unterhändler beim Freikauf der Häftlinge. Haben Sie durch diese Begegnung auch Manfred Stolpe kennengelernt?

Manfred Stolpe und seine Frau habe ich eigentlich erst kennengelernt, als Helmut nicht mehr im Amt war. Ich wusste von ihm und wusste auch, dass Helmut ihn mal getroffen hatte, aber ich habe ihn erst 1983, 1984 kennengelernt. Er hat Helmut, als er nicht mehr im Dienst war, wiederholt eingeladen, drüben zu reden, und zwar in Kirchen oder kirchlichen Sälen.

Mehrfach fanden diese Vorträge mit ein wenig Diskussion in Potsdam statt. Dort gab es ein Heim, wie das offiziell hieß, weiß ich nicht, das von einer Frau Oberin geleitet wurde.

Eine Anstalt für Menschen mit Behinderung?

Eine Anstalt für geistig Behinderte. Ein ziemlich großes Gelände. Sehr schnell merkte ich, dass Manfred Stolpe dieses Gelände, diese Anstalt benutzte, um Menschen zu verstecken, bis es eine Möglichkeit gab, sie aus der DDR hinauszuschleusen, entweder in den Westen oder sogar ins Ausland.

Wie funktionierte dieser Schutzhof?

Stolpe benutzte ihn ganz leise und sehr effektiv. Davon weiß heute kaum ein Mensch etwas, aber mir liegt daran, das sehr deutlich zu sagen. Ob es Diakonissinnen waren, weiß ich nicht mehr, aber irgendeine evangelische Schwesterngemeinschaft und ein Pastor waren dort.

Ende der achtziger Jahre waren ja gerade die Kirchen in der DDR wichtige Zufluchtsorte, wo sich auch viele Spannungen entladen konnten …

Einmal gab es eine ganz kritische Phase, an die Herr Stolpe und ich uns gut erinnern. Das war in der Garnisonkirche in Potsdam. Helmut hatte irgendeinen Satz gesagt – wir erinnern nicht mehr, was es war –, dass ich erstarrte. Ich merkte, dass mein Mann plötzlich voller Anspannung war. Wenn er noch einen Tick deutlicher gewesen wäre, hätte der Saal gekocht. Dann holte Helmut tief Luft und sagte irgendwas Beruhigendes. Da hat Herr Stolpe meine Hand genommen und mich angegrinst. Die Stimmung hatte sich wieder beruhigt.

Was war der Hintergrund, dass der Saal stimmungsmäßig umzukippen drohte?

Es war, als die Demonstrationen in Dresden vor der Frauenkirche anfingen. Es lag in der Luft.

Man spürte die Verärgerung? Das Aufbegehren bei den Zuhörern?

Als wir nach Hause kamen, kamen überall aus meinen Taschen kleine Zettel zum Vorschein, zerknüddelte, zusammengefaltete. Ich habe sie alle sorgfältig auseinandergerollt und dann geordnet. Mal waren es nur freundliche Worte: »Wie schön, dass Sie da sind«, mal waren es aber auch richtige Hilferufe.

Die Menschen hatten Ihnen das zugesteckt, ohne dass Sie es gemerkt haben?

Ja. Daraufhin habe ich die nächsten Male bei Besuchen in der DDR eine Jacke mit sehr großen Taschen angezogen. Jedes Mal waren beide Taschen voll, und zwar immer Hilferufe, aber auch freundliche Begrüßungen. Ich habe die Briefe, deren Absender nichts Politisches beziehungsweise Ausreiseähnliches wollten, sondern einfach nur freundlich waren, natürlich alle beantwortet. Alle hatten ihre Adressen drunter. Die Antwort war gar nicht so einfach. Der Text musste lieb und freundlich, aber auch unverfänglich sein, damit die Menschen keinen Ärger bekamen. Heute schreiben mir immer noch einige von damals und schildern mir ihre Sorgen und Lebensumstände. Briefe von Menschen, die ausreisen wollten oder irgendwelche Probleme hatten, habe ich damals sortiert und Helmut gegeben, der sie – und jetzt kommt Wolfgang Vogel wieder – Vogel gab und mit ihm besprach, wo man etwas tun konnte und wo nicht.

Waren Sie persönlich immer sicher, dass Wolfgang Vogel, der Unterhändler der DDR, mit diesen persönlichen Informationen vertrauenswürdig umging?

Ja.

Es hätte doch auch sein können, dass diese Adressen, die Sie weitergaben, zu Repressalien hätten führen können für die Menschen, die rauswollten.

Wir sind immer der Meinung gewesen und sind es heute noch, dass Wolfgang Vogel ein ganz, ganz ehrlicher Mann ist. Deswegen hat es uns so sehr erschüttert, dass er nach der Wiedervereinigung von sehr forschen jüngeren Leuten eingesperrt wurde. Helmut ist sofort ins Gefängnis gegangen. Ich hatte ihm, da ich gerade Quittengelee gekocht hatte, ein großes Glas mitgegeben.

Das Fernsehen war sogar dabei. Ich kann mich an einen Auftritt Ihres Mannes vor dem Gefängnis erinnern.

Helmut hat vor dem Gefängnis zu den Journalisten, die das fabelhaft fanden, noch ein paar vernünftige Sätze gesagt, dass er diesen guten Deutschen – Freund hat er sicher nicht gesagt – besuchen müsse, da er dort zu Unrecht sitze. Daher rührt die etwas engere Beziehung zu Wolfgang Vogel und seiner Frau. Er ist ja auch nicht lange im Gefängnis geblieben.

Er kam dann später wieder in Untersuchungshaft und hat sein Mandat zur Verteidigung Honeckers erst einmal niedergelegt und auf seine Zulassung als Anwalt verzichtet. Bei der Aufarbeitung der DDR-Vergangenheit bekam Vogel später Begleitschutz von Kardinal Sterzinsky, nachdem ihm immer wieder nachgesagt wurde, er habe sich an der Übersiedlung Ausreisender persönlich bereichert.

Wenn man Wolfgang Vogel ein bisschen kannte und sah, wie einfach und bescheiden er in Bayern lebte, fasst man sich an den Kopf. Auf diesen Mann sind ja jeden Tag ich weiß nicht wie viele menschliche Tragödien niedergeregnet. Es kann natürlich sein, dass man da ein bisschen abstumpft, aber ich habe ihn nur als einen Menschen kennengelernt, der sich unendlich bemüht hat. Ein Kollege von mir hatte eine Cousine drüben mit drei kleinen Kindern, als plötzlich der Mann starb. Alle Verwandten waren im Westen. Da hat sich der Kollege an Vogel gewandt. Vogel schrieb ihm, er wolle sich bemühen, aber es sei sehr schwierig. Er wolle es aber um meinetwillen machen, weil ich ihn ja auf die Familie aufmerksam gemacht habe. Er hat sich daraufhin mit den DDR-Stellen zusammengesetzt, die verlangten, dass mein Kollege nach drüben kam und seine Cousine heiratete. Erst dann könne er mit ihr und den drei Kindern ausreisen. So haben sie es auch gemacht, so hat es geklappt. Ich habe gemerkt, wie viel Mühe er sich gegeben hat. Es hat auch Menschen gegeben, die uns hinterher einen Dankeschönbrief geschrieben haben, sie seien jetzt in Westdeutschland, Herr Vogel habe das alles so geschickt gemacht, und sie wollten sich nochmal bedanken.

Ihm wurde ja später vorgeworfen, ausreisewillige Mandanten genötigt zu haben, den Hausbesitz zu niedrigen Preisen an von ihm vorgeschlagene Parteifunktionäre zu veräußern, um so den Ausreiseprozess zu beschleunigen.

Das habe ich im *Spiegel* noch und noch gelesen.

Haben Sie ihm selbst mal die Frage gestellt, ob die Praxis so war?

Ich habe ihn nicht gefragt, aber ich habe meine Fußpflegerin gefragt, die auf diesem Weg mit ihrem Mann nach Hamburg gekommen ist. Sie sagte: »Sie können sich das überhaupt nicht vorstellen, den Menschen war es doch so gleich, was mit ihrem Haus und ihrem Tisch passierte, Hauptsache, sie kamen raus.«

Das heißt, Sie gehen davon aus, dass die Menschen das einfach mal in Kauf genommen haben. »Gib uns dein Haus zu verbilligtem Preis, dann kannst du die DDR verlassen.«

Ich glaube nicht, dass es die Praxis war. Ich glaube wohl, dass es mal vorgekommen ist.

Es wurden ja immer wieder Stimmen laut, dass er Mitarbeiter der Staatssicherheit sei. Er hat später, im August 1992, eingeräumt, als IM Eva beziehungsweise Georg Seitz Anfang der fünfziger Jahre mit der Staatssicherheit zusammengearbeitet zu haben.

Ich weiß das nicht. Es kann sein, dass er mit denen zusammengearbeitet hat aus taktischen Gründen. Der Satz, den ich vorhin zitiert habe: »Und eines Tages …«, der war jedenfalls echt. Echt war auch: »Wir werden das wohl nicht mehr erleben, aber die Menschen wollen das. Die Menschen wollen das, und deswegen wird es eines Tages so sein.« Und das war echt.

Loki, glauben Sie das jemandem, der in so einem Staat an so einer delikaten Schnittstelle seine Arbeit verrichtet hat? Vogel war ja auch Teil des Systems der DDR.

Dass mal irgendetwas schiefgelaufen ist, kann ich mir natürlich vorstellen, aber die Grundhaltung dieses Mannes war: Ich muss helfen, dass diese verdammte Grenze zwischen den beiden deutschen Staaten, die zusammengehören, möglichst löchrig wird. Darauf nehme ich jeden Eid.

Ihr Mann hat Wolfgang Vogel im März 1992 zum ersten Mal im Gefängnis besucht, Vogel wurde im selben Monat gegen eine Kaution freigelassen. Haben Sie in dieser Phase mit Ihrem Mann viel darüber gesprochen, wie Sie Wolfgang Vogel helfen können?

Nein, darüber haben wir nicht geredet, ich habe nur gesagt: »Du musst Wolfgang Vogel ganz, ganz herzlich grüßen, und hier ist ein Glas Quittengelee, das ich selbst gekocht habe, und das musst du ihm mitnehmen.« Mein Mann ist auch mit dem Glas in der Hand vor den Journalisten da reinmarschiert.

Aber Ihr Mann war doch sicherlich erzürnt? Sonst fährt man nicht einfach rüber und besucht ihn.

Natürlich waren wir beide empört. Helmut hat gesagt, da fahre ich sofort hin und besuche ihn. Das ging zuerst gar nicht so ganz glatt, das musste erst noch jemand genehmigen. Heute wird ja Protest immer mit fünf Leuten und Banner und ich weiß nicht was gemacht. Dazu sind wir zu altmodisch.

Im Juli 1993 kam Vogel wegen Verdachts der Erpressung ausreisewilliger DDR-Bürger und Steuerhinterziehung erneut in Untersuchungshaft, danach hat es bis Januar 1994 gedauert, dass er gegen eine neuerliche Kaution von immerhin zwei Millionen D-Mark Haftverschonung bekam. Dann gab es den Prozess gegen Vogel inklusive seiner Sekretärin, Erika Dörrfeld. Bestand danach noch Kontakt?

Ja, brieflich – bis zu seinem Tod.

Wir haben am Anfang über Manfred Stolpe gesprochen, dass er Regimegegner versteckt und geschützt hat. Woher kam Ihr vertrautes Verhältnis zu Manfred Stolpe?

Dass wir von Anfang an ein Vertrauensverhältnis hatten, hat irgendetwas mit menschlicher Begegnung, aber wohl auch mit einem Gefühl für die Menschen zu tun, denen man gegenübersitzt.

Und das war zu Manfred Stolpe sehr früh da?

Das war eigentlich sofort da.

Ist denn dieses Verhältnis zu Stolpe geblieben über die Jahre auch nach 1989, auch als er dann Ministerpräsident von Brandenburg wurde?

Ja, nur haben wir uns ja selten gesehen, eigentlich nur bei offiziellen Anlässen, wo man sich freundlich anlächelte und ich ihn gebeten habe, Grüße an seine Frau und seine Tochter weiterzugeben. Die Frau ist eine tüchtige Ärztin. Wenn ich das richtig gespürt habe, hat sie versucht, sich von manchen Aktivitäten ihres Mannes während der DDR-Zeit fernzuhalten, damit sie ihren sehr unterschiedlichen Patienten gegenüber immer sagen konnte: »Ich habe keine Ahnung.« Was sie bedrückte – und das sagte sie mir schon bei unserer ersten oder zweiten Begegnung –, war, was aus ihrer Tochter werden sollte. Wenn in der DDR ein Elternteil oder gar beide studiert hatten, durften die Kinder ja nicht auf die Universität.

Aber der Mauerfall hat dann das Problem für Familie Stolpe gelöst?

Bei unserer goldenen Hochzeit 1992 waren die Stolpes da. Die Tochter hatte inzwischen Abitur gemacht und konnte natürlich studieren. Da sind der Frau Stolpe viele Steine vom Herzen gefallen.

Hat es bei diesen Begegnungen auch ein Gespräch über die angebliche Mitarbeit Manfred Stolpes als IM Sekretär für die Staatssicherheit gegeben?

Zwischen uns und Stolpes – nein. Denn uns war das, wie soll ich mal sagen, piepegal.

Warum?

Dass eifrige Westdeutsche, die nie vorher in der DDR waren, die Atmosphäre nicht kannten, aber hier alles besser wussten, versuchten, allen möglichen Menschen, die Balanceakte vollführen mussten, ans Zeug zu flicken, hat man doch überall gesehen.

Sie hielten dieses Vorgehen für Besserwisserei, für ein Streberverhalten derer, die nichts wussten über die Verhältnisse in der DDR, dass man, um Menschenleben zu retten, auch in gewisser Weise kooperieren musste?

Ja, genau das. Es geht zum Beispiel auch noch weiter zurück in die Nazizeit, als der von mir und allen geschätzte Oberschulrat immer mit dem Parteiabzeichen herumlief. Zu ihm hatten mich Lehrer, denen ich traute und vertraute, geschickt und gesagt: Dem kannst du trauen. Erst hinterher habe ich erfahren, dass zu Beginn der Nazizeit Oberschulräte zusammengesessen und gesagt haben: Einer von uns muss in diese Partei. Wir müssen wissen, was da los ist. Und das Los ist leider auf Herrn Köhne gefallen. Über den Schulleiter der Volksschule, an der ich früher war, ist hinterher auch geredet worden. Er hatte bestimmte südöstliche Gebiete zu betreuen, wohin Hamburger Kinder verschickt waren. Er lief dort mit einer Art Uniform herum. Von ihm hieß es auch: Vielleicht Vorsicht. Das konnte ein Außenstehender nicht beurteilen. Das ist in der DDR bestimmt genauso gewesen.

Was haben Sie gelernt aus dieser Erfahrung, wie Menschen sich in totalitären Systemen verhalten?

Eines jedenfalls habe ich schon in der Nazizeit gelernt: dass man noch viel weniger als sonst dem äußeren Schein trauen darf. Ein ganz anderes Beispiel: Helmut hat sich mit einem jungen Mann angefreundet, als beide fünfzehn und in einem Ruderclub waren. Ich habe ihn dann auch kennengelernt;

er ist später Arzt geworden. Wir haben auch seine Freundin kennengelernt, mit der er später verheiratet war. Sie war eine ziemlich hohe BDM-Führerin und begeistert, und er war auch nicht abgeneigt. Wir waren mit den beiden befreundet, wirklich befreundet. Ich habe drei Wochen bei ihnen gelebt, bevor Susanne geboren ist, denn wo wir wohnten, wäre ich nie ins Krankenhaus gekommen. Damals haben sie gesagt: »Du musst bei uns wohnen.« Sie wussten die ganze Zeit, dass wir Gegner der Nazis waren, wir wussten, dass sie für die Nazis waren, und trotzdem sind wir Freunde gewesen.

Warum ging das so gut zusammen?

Aus menschlichen Gründen. Das waren anständige Menschen und wir eigentlich auch, kann man sagen. Außerdem hatten wir auch gemeinsame künstlerische Interessen.

Hat es später Gespräche gegeben mit den Freunden über die Verirrungen?

Ich muss noch ergänzen: Sie haben bei unseren vielen Treffen, beim Klönen damals das Thema »Nazi« nie erwähnt, und wir haben nie geschimpft. Das war außerhalb unserer Gespräche.

Weil es sonst zu Problemen hätte führen und die Freundschaft hätte gefährden können?

Ja. Beides.

Die Freundin hieß Ursel Philipp. Sie hat später in dem Buch »Kindheit und Jugend in der Nazizeit«, das Sie mit Ihrem Mann veröffentlicht haben, darüber geschrieben. Wie hat sich Ursel Philipp nach dem Krieg wieder zurechtgefunden?

Sie hat Schwierigkeiten gehabt und zuerst an Konzentrationslager nicht geglaubt, aber es hat ja gleich nach dem Krieg genug Fotomaterial gegeben. Ihr Mann ist, als er schon fertiger Arzt war, eine Zeit in Neuengamme gewesen, das kurze Zeit Lager für Nazis war. »Ich bin da überhaupt erst zum Nachdenken gekommen«, hat er gesagt, während sie große Schwierigkeiten hatte zu begreifen, dass ihre in gewisser Weise Verehrten Mörder waren. Die beiden haben sich sehr damit auseinandergesetzt. Als wir dieses kleine Bändchen »Kindheit und Jugend in der Nazizeit« gemacht haben, habe ich ihr davon erzählt. Wir sind ja befreundet geblieben.

Die Freundschaft ist geblieben?

Das führe ich immer als Beispiel an, weil sich das heute keiner vorstellen kann. Die Freundschaft ist bis zum Tod der beiden geblieben. Ich habe ihr erzählt, dass wir ein Buch über unsere Kinderzeit schreiben wollten. »Oh«, sagte sie, »das finde ich fabelhaft. Weißt du, ich habe ja jetzt Zeit genug. Ich schreibe mal für meine Kinder«. Sie hatte da schon ganz kleine Enkel, »ich schreibe das auch mal alles auf, damit sie sich vorstellen können, wie uns zumute war.« Nachdem ich ihren Text gelesen hatte, habe ich gesagt: »Das gehört eigentlich in unser Buch mit hinein, bist du damit einverstanden?« Sie war einverstanden. Und so ist dieser sehr andere Beitrag in das Buch gekommen.

Das heißt, sie hat sich da auch was von der Seele geschrieben?

Es war ja nun ein Bericht unter mehreren. Die anderen hatten andere Kindheits- und Jugenderlebnisse. Dadurch ist dieses kleine Bändchen für mich ehrlicher geworden, weil es …

… beide Seiten zeigt.

Ja.

Immanuel Kant hat gesagt, der Mensch sei aus krummem Holz geschnitzt. Was nichts anderes heißt, als dass der Mensch unfer-

tig und manchmal widersprüchlich und schwer zu verstehen ist. Was haben Sie aus all diesen Erfahrungen, wie Menschen sich in totalitären Systemen verhalten, sich oft verrennen, gelernt?

Ob ich das in Worte fassen kann, weiß ich nicht. Wenn es den Menschen wirklich schlecht geht – das gilt auch für die Kriegszeit, das gilt für die Bomben, das gilt für die Hungerphasen –, ob aus psychischen Gründen oder ganz banal äußeren Umständen, dann fällt sehr, sehr viel Lack ab, dann bleibt so ein kleiner Kern von Mensch, und der Kern hat einen großen Selbsterhaltungstrieb.

Ist er auch wahrhaftiger?

Das glaube ich nicht. Ich glaube, in der Hungerphase – sagen wir mal, vor der Währungsreform 1945, 1946, 1947 – haben Menschen aus Hunger gelogen und betrogen, nur um etwas zu essen zu bekommen. Das ist der Selbsterhaltungstrieb, dieser ganz primitive Selbsterhaltungstrieb, der beinahe etwas Tierisches hat.

Warum sind wir Menschen so unfertig?

Wir stehen zwar in mancher Hinsicht am oberen Ende der Entwicklung von kleinen Quallen und Krebsen über kleine Eidechsen und Schnecken bis zu Säugetieren. Das hilft uns aber gar nichts. Wenn man eine lange Strecke überblickt hat, merkt man, wie fehlerhaft der Mensch ist, und dann wird man duldsamer.

»Wir sind nun mal Männlein und Weiblein und gehören zusammen«

Naturschutz, Emanzipation und Freundschaft

Sie waren eigentlich die erste Umweltschützerin, zu einer Zeit, als wir noch gar keine grüne Partei in diesem Land hatten …

Nein, die Grünen sind sehr viel später gekommen, auch der deutsche Umweltminister.

Wie haben Sie denn persönlich Ihre Liebe zu den Pflanzen entdeckt?

Das kann ich Ihnen nicht genau sagen, die ist mir wohl angeboren. Meine Eltern behaupten, dass nach Papa und Mama das dritte Wort, das ich gesagt habe, ein Pflanzenname war.

Wie lautete die Pflanze?

Die Pflanze heißt auf Hochdeutsch Frauenmantel. Ich konnte aber noch nicht richtig sprechen und habe sie »Frau Mantel« genannt. Wir wohnten in einer Terrassenwohnung, in einem Hinterhaus mit Pflastersteinen, und zwischen den Steinen gab es zwei verschiedene Pflanzen, die gelegentlich sprossen, und beide habe ich mir immer sehr genau angeguckt. Das eine war Löwenzahn, den die meisten kennen, und das andere war ein kleines Gras, ein Wiesenrispengras. Ich war ja noch klein, sie waren meinen Augen etwas näher. Meine Eltern sind häufig mit uns spazieren gegangen.

War das zunächst eher der Blick für das Schöne in der Natur, oder gab es schon so etwas wie eine naturwissenschaftliche Neugier bei Ihnen?

Die ist später gekommen.

Wodurch?

Wir hatten alle keine Kinderbücher. Wo sollte das Geld herkommen? Aber meine Eltern besaßen eine fünfzehnbändige Flora von Deutschland, lauter kleine Bücher mit fantastischen Abbildungen. Darin durfte ich herumblättern, schon bevor ich in die Schule ging. Da sammelt sich dann im Laufe von Jahren einiges an.

Dann wäre eigentlich die Konsequenz gewesen, Sie wären Biologin geworden.

Natürlich wollte ich Biologie studieren. Aber heute hat kein Mensch mehr eine Ahnung davon, wie das in den dreißiger Jahren des vorigen Jahrhunderts war.

Sie mussten Studiengeld zahlen?

Ja, für jedes Seminar extra, für jede Vorlesung extra. Wo sollte das Geld herkommen? Deshalb habe ich Pädagogik studiert, da musste man nur Einschreibgebühren bezahlen. Schon das war ein großer Batzen, den meine Eltern nicht aufbringen konnten. Ich habe mir Geld geliehen von Bekannten, die das auch wiederbekommen haben. Zweihundert Mark, das war damals viel Geld. Darüber hinaus musste ich mich auch noch sehr beeilen, um mit dem Studium fertig zu werden, denn meine Eltern mussten mich ja ernähren in der Zeit. So war ich mit einundzwanzig Jahren Volks- und Realschullehrerin.

Mit einundzwanzig fertige Pädagogin?

Ja. Das hieß aber mindestens vierzig Stunden Vorlesung oder Seminar in der Woche. Abends habe ich noch Nachhilfeunterricht gegeben, um etwas Fahrgeld und Taschengeld zu haben.

Wann kam dann der Beschützerinstinkt hinzu, als Sie sich sagten: Ich muss die Pflanzen beschützen, ich muss sie hüten, weil kein anderer sich darum kümmert?

Der Schutz bedrohter Pflanzen ist später gekommen, aber einen Beschützerinstinkt habe ich, glaube ich, immer gehabt. Im Zeugnis nach der Sexta – da war ich zehneinhalb – stand oben bei den Bemerkungen: »Sie ist ihren schwächeren Kameradinnen ein stets bereiter, tatkräftiger Schutz.« Konkret heißt das, ich habe mich immer geprügelt. Mich hat besonders erzürnt, wenn die Jungs die kleinen Mädchen ärgerten, an den Zöpfen zogen oder Ähnliches. Dann mussten die Jungs verprügelt werden. Beschützerinstinkte waren also auch früher da. Nach dem Krieg stellte ich fest, dass plötzlich eine ganze Reihe von Pflanzen, die ich von Kinderzeiten her kannte, nicht mehr da oder sehr zurückgegangen war. Damals konnte ich noch keinen Verein gründen, denn auf eine kleine Lehrerin mit Namen Schmidt aus Hamburg hätte niemand gehört. Ich musste so lange warten, bis mein Mann in einer Position war, dass ich mit seinem Namen ein bisschen Aufmerksamkeit bekam.

Ach so, Sie waren daran schuld, Sie haben ihn in die Position gebracht. Gut, dass wir das jetzt mal erfahren ...

Das ist doch dummes Zeug. Mein Mann konnte erst nach dem Krieg studieren. Ich war schon fertig mit dem Studium, und einer musste ja Geld verdienen. So war es bei vielen Frauen meiner Generation, deren Männer Soldat waren und noch keine Berufsausbildung hatten.

Das ist eine gute Entscheidung gewesen.

Als ich die Chance hatte, gehört zu werden, habe ich in botanischen Gärten versucht, Gleichgesinnte zu finden. 1976 ist dann die Stiftung zum Schutz gefährdeter Pflanzen gegründet worden. Ich hatte mir verschiedene Ziele gesetzt. Das erste war Information. Die meisten Menschen wussten nicht viel von Pflanzen. Wenn ich zurückdenke und sehe, wie verbreitet heute das Bewusstsein darüber ist, dass auch Pflanzen gefährdet sind, kann ich eigentlich nur glücklich sein. Da hat sich ja viel geändert in den letzten fünfundzwanzig Jahren.

Was haben Sie denn damals für Reaktionen bekommen, 1976? Die Frau des Kanzlers engagiert sich für Pflanzen. Ein wenig Spott und Hohn waren Ihnen sicher gewiss …

O ja. »Die Schmidt mit ihren Blümchen« habe ich lange zu hören bekommen. Etwas später habe ich angefangen, die »Blume des Jahres« vorzustellen.

Was hat Ihr Mann damals gesagt? Stand er immer hinter Ihrem Engagement?

Immer. Wir sind ja in derselben Schulklasse groß geworden und haben uns natürlich von Anfang an gegenseitig beeinflusst.

Als dann später die Grünen kamen, haben Sie da einen Bündnispartner für sich gesehen?

Nein, nie.

Warum nicht?

Ich bin vor der Nazizeit geboren, ich habe die Nazizeit mitgemacht mit vielen Schwierigkeiten; wenn mir eines verhasst war, war es Intoleranz.

Und diese unterstellen Sie den Grünen?

Jawohl. Aber nicht den heutigen. Die ersten Grünen meinten, sie hätten die alleinige Weisheit. Sie hatten völlig utopische Vorstellungen, wie die Welt zu sein hatte.

Sehen Sie denn heute in den Grünen einen Partner für Ihre Arbeit?

Ich kann nicht sehr laut tönen, ich kann meine Arbeit tun. Die Grünen mit ihrem lauten Getöse haben viele Menschen beeinflusst, und dafür bin ich Ihnen doch ein bisschen dankbar.

Wären die Grünen von heute eine Partei, in der Sie sich zu Hause fühlen könnten?

Bei der Naturschutzarbeit habe ich mich niemals um Parteipolitik gekümmert. Ich musste mir in Bonn sogar manchmal einiges anhören, wenn ich mit einem CSU-Bürgermeister irgendwo in Bayern einen Vertrag über ein bestimmtes kleines Gebiet geschlossen habe. Man kann mit Parteipolitik keinen Naturschutz machen.

Sie wollten unabhängig bleiben?

Die Natur ist schließlich nicht für eine Partei da, sondern für alle Menschen. Tiere und Pflanzen richten sich auch nicht nach Ländergrenzen.

Ich weiß, Sie mögen den Begriff Emanzipation überhaupt nicht. Warum eigentlich nicht?

Also, nachträglich habe ich die Suffragetten in England sehr bewundert, aber wenn jemand dauernd mit einem Schild vorm Bauch herumläuft und sagt: Ich bin eine tüchtige Frau, ist mir das zu viel.

Ist es zu viel Programm, zu viel Selbstdarstellung, zu viel Ideologie?

Ja. Wir sind nun mal Männlein und Weiblein und gehören zusammen. Mir reicht es, wenn jemand tüchtig ist, ob es ein Mann oder eine Frau ist, ist mir gleich.

Frau Schmidt, ist denn Alice Schwarzer Ihre Freundin?

Ich kenne Frau Schwarzer nicht.

Haben Sie nie eine Gelegenheit gehabt, sie zu treffen?

Nein. Möglicherweise hätten wir uns ja ganz gut verstanden. Es hat sich nicht so ergeben, dass wir uns getroffen haben.

Hatten Sie Freundinnen? Lebensfreundinnen, mit denen Sie sich austauschen konnten?

Ich konnte mit Mädchen nicht so viel anfangen.

Warum?

Natürlich gab es eine ganze Reihe von Mädchen in der Schule, die sagten: »Meine Freundin.« Das waren aber Mädchen, die man beschützen oder denen man beistehen musste. Ich hatte nie das Bedürfnis, mal mit einer Frau irgendwo zu sitzen und zu klönen oder zum Shopping zu gehen und irgendwo Kaffee zu trinken.

Sie hatten nie eine Lebensfreundin.

Nie. Natürlich gibt es Frauen, die interessante Berufe haben, mit denen ich mich auch sehr gern unterhalten mochte. Ich will mal in der Vergangenheit reden. Aber dass es mir ein Bedürfnis gewesen wäre, sie zu besuchen – sehr selten.

Es gab nicht so eine Lebensfreundin, mit der Sie sich zwischendurch mal ausgesprochen haben, über Ihren Mann geschimpft haben.

Nein, ich hatte ein paar Männerfreunde.

Das heißt, die Freunde haben die Rolle des Vertrauten übernommen, mit denen man über alles reden konnte.

Freunde, so ganz treue Seelen, auf die man sich verlassen konnte, mit denen man auch vieles besprechen konnte – nicht alles –, hat es in meinem Leben eine ganze Reihe gegeben.

Und das waren meistens Männer?

Ja, wobei einige davon Homosexuelle waren.

Hatten Sie den Eindruck, dass man mit schwulen Männern besser über bestimmte Dinge des Lebens reden kann?

Nein. Es war eher so, dass die mit Problemen kamen, und sie hatten das Vertrauen, diese bei mir abladen zu können.

Sie hatten in der Bonner Zeit ein gutes Verhältnis zu Axel Springer jr. – Sie waren sogar mal seine Vertretungslehrerin.

In seiner Klasse, ja. Vor allem kannte ich seine junge Klassenlehrerin, die er – wie es sich für einen kleinen Jungen gehörte – natürlich verehrte. Allein über diese Lehrerin mit mir zu reden, machte ihm ja schon Spaß. Außerdem erinnere ich den Knaben noch sehr genau. Er war der Einzige, der häufiger mit langen Hosen in die Schule kam. Da musste ihn wohl jemand im Elternhaus besonders adrett angezogen haben. Richtig kennengelernt habe ich ihn aber in Moskau.

Stammt daher das Foto? Ihre Tochter Susanne, Sie und Ihr Mann auf dem Roten Platz 1966 in Moskau. Hat Axel jr. das Bild gemacht?

Ja, wir waren in Moskau im Hotel. Auf einmal klopfte es. Jemand kam ins Zimmer und sagte: »Durst, Durst, ich habe so furchtbaren Durst!« Ohne Guten Tag zu sagen. Dann grinste er und sagte: »Ich bin Sven Simon.« Ich hab ihm erst mal was zu trinken gegeben, er hatte wirklich Durst. Er hat uns dann einige Tage begleitet und fotografiert. Wir haben viel dummes Zeug

Familie Schmidt auf dem Roten Platz in Moskau; fotografiert von Sven Simon 1966.

miteinander geredet. Das mochte er gern und wir auch. Wir hatten sehr viel Spaß miteinander und haben dann verabredet, er solle mich doch nach der Reise mal besuchen. Angefangen mit den Erinnerungen an seine Schulzeit, meine Lehrerzeit ist daraus eine sehr herzliche Freundschaft geworden. Ich hatte ihn zu Helmuts Geburtstag kurz vor Weihnachten 1979 eingeladen, als er anrief: »Ich muss ins Krankenhaus, ich hab Masern.« Ich sagte: »Pass bloß auf, Kinderkrankheiten bei Älteren können gefährlich sein.« Ich habe ihn danach nicht mehr wiedergesehen, nur noch mit ihm telefoniert. Gleich nach Weihnachten sind wir nach Mallorca gefahren, und Helmut erhielt die Nachricht, dass er sich umgebracht hatte. Viele seiner Freunde, Kollegen waren hinterher bei mir, und wir haben immer wieder überlegt: Warum, warum, warum?

Haben Sie eine Antwort gefunden?

Uns allen, besonders Claus Jacobi, ist aufgefallen, dass er nach dem Krankenhausaufenthalt, nach der Masernerkrankung, nicht mehr der Alte war. Missmutig, depressiv. Die Krankheit muss ihm so zugesetzt haben, dass der Suizid möglicherweise eine Auswirkung dieser Krankheit und Depression gewesen ist.

Er hat sich am 3. Januar 1980 das Leben genommen. Ziemlich öffentlich, nämlich auf einer Parkbank an der Alster. Er hat sich hingerichtet mit einem Kopfschuss.

Ich habe das von Helmut erfahren. Er hatte mir dann gleich ein Glas Cognac gegeben, den ich normalerweise nicht trinke. Das hat mich ziemlich mitgenommen.

Es ist viel hineininterpretiert worden, inwieweit dieser Vater-Sohn-Konflikt eine Rolle gespielt hat …

Mit Sven Simon beim *Welt*-Empfang 1975.

Natürlich hat der eine Rolle gespielt. Nicht umsonst gibt sich ein Sohn einen ganz anderen Namen, sagt sich völlig los vom Vater. Sie haben Axel Caesar Springer nicht kennengelernt?

Nein, beschreiben Sie ihn mal.

Wenn er in ein Zimmer kam, war er da.

Er füllte den Raum?

Ja. Man konnte ihn – auch wenn es ein großer Raum war – nicht übersehen. Nicht wegen der Worte. So furchtbar viel geredet hat er nicht. Aber er war eine Persönlichkeit. Er war da. Na ja, dass er und seine Zeitungen nicht gerade Helmuts und meine besten Freunde waren, brauche ich ja nicht zu betonen. Er war sehr vielseitig interessiert. Er wusste sehr gut über Architektur Bescheid. Es gab einige Punkte, wo wir uns angeregt unterhalten konnten. Wir haben uns nicht häufig gesehen.

Haben Sie mit ihm ein persönliches Gespräch geführt über seinen »verlorenen Sohn«?

Irgendwann, als Klein Axel einen Bildband über Sylt gemacht hat, hat der Vater voller Stolz gesagt: »Ist er nicht fabelhaft?« Und was hat Klein Axel mir erzählt? »Jetzt macht mein Vater noch eine neue *Welt*-Niederlassung in Berlin auf, ist er nicht toll?« Da habe ich dann mal zu dem Alten gesagt: »Ihr seid eine ganz seltsame Familie: Sie loben Ihren Sohn, und er lobt Sie, nur reden Sie nicht miteinander. Ist das nicht verrückt?« Er hat keine Miene verzogen. Da habe ich zu ihm gesagt: »Sie sind der Ältere. Wenn das geändert werden soll, sind Sie dran!« Danach hörte ich nichts mehr. Eines Tages bekam ich einen Riesenblumenstrauß und dazu ein ganz kurzes Dankeschön von Springer sen. Er wollte seinen Sohn nah bei sich haben und hat ihn irgendeinen Teil der *Welt* in Berlin machen lassen.

Das war die Welt am Sonntag. *Er war stellvertretender Chefredakteur.*

Richtig. Das hat ihm gar nicht gelegen. Er war nicht sehr glücklich.

Haben Sie nach dem Tod von Sven Simon mit Axel Springer sen. gesprochen?

Nein.

Ich zitiere jetzt Claus Jacobi: Als Springer 1985 starb, fand man in seinem Anzug nur ein einziges Papier – den Kondolenzbrief, den Rudolf Augstein zum Tod seines Sohnes geschrieben hat. Kam er über den Freitod seines Sohnes nicht hinweg?

Es hat wahrscheinlich eine gewisse Tragik gehabt, dieses Vater-Sohn-Verhältnis, auch mit dem Ende.

Wie würden Sie die Beziehung beschreiben zwischen Ihnen und Klein Axel? Was hat er in Ihnen gesehen?

Vielleicht ein bisschen Muttterersatz. Das Verhältnis zu seiner Mutter war ihm wohl wichtig, aber es hat ihm – aus meiner Sicht – nicht so viel gegeben. Vielleicht deswegen die alte Schmidt.

War er auf der Suche nach einer eigenen Identität? Er hat mal gesagt: »Ich habe einen Stafettenlauf hinter mich gebracht in Sachen Schulen. Mein persönlicher Stafettenlauf durch Europas Internate.«

Ja. Während der Schulzeit sicher. Aber durch seine Kamera und die Art, wie er die Objekte, die er aufnehmen wollte, fixiert hat, hat er sein Ziel gefunden. Jedenfalls ein bestimmtes Ziel. Ob das für die menschliche Seite des Wesens Klein Axel ausgereicht hat, weiß ich nicht.

Hat er Ihnen sein Herz ausgeschüttet?

Ein bisschen.

Hat er geschimpft, geflucht über seinen Vater?

Nein, das hat er nicht. Vielleicht hat er sich nach einem vernünftigen, liebevollen Elternhaus gesehnt.

Er hat mal gesagt: »Ich wollte nicht angestarrt werden wie ein Tier im Zoo, etwas sein ohne eigenen Verdienst.«

Das ist das Problem aller Kinder bekannter Eltern. Deswegen haben wir Susanne immer ganz beiseitegelassen. Ich kenne das von Mildred Scheel. Ich glaube, das ist wirklich ein Problem von Kindern berühmter Eltern, ein dickes Problem, das sich die Eltern – weil sie keine Zeit haben – gar nicht klarmachen.

»Geblieben ist eine große Dankbarkeit für all das, was ich gesehen habe«

Über das Reisen und die Lust am Abenteuer

1966 war ein Reisejahr für Sie und Ihren Mann. Unter anderem waren Sie zum ersten Mal in Israel. War die Begegnung mit Teddy Kollek eine besondere Begegnung?

Ja, auf jeden Fall. Er hat es fertiggebracht, dass in Jerusalem Araber und Juden friedlich nebeneinander lebten, das war sein Ziel. Er war natürlich begeistert von der Idee eines botanischen Gartens in Jerusalem, den Michael Avishai plante. Ich konnte mit Gärtnern des Hamburger Gartens helfen. Später hat er mir einmal eine kleine römische Münze geschenkt, so groß wie mein Daumennagel, mit einer Ähre darauf – Israel ist altes Kulturland, wo viel ausgegraben wird. Die Münze ist dann zu meiner Tochter weitergewandert.

Mit Teddy Kollek haben Sie sich auf Deutsch unterhalten, nehme ich an, weil er in Wien aufgewachsen ist. Wie offen war denn die Beziehung zu dem langjährigen Bürgermeister von Jerusalem?

Man konnte sich total auf ihn verlassen. Er hat mir beim Erstellen des Botanischen Gartens in Jerusalem unglaubliche Hilfe zukommen lassen. Mir hat es leidgetan, dass er am Ende seines Lebens dann doch ein bisschen weggetreten ist.

Er war dement zum Schluss?

Ja. Wenn alle Politiker in Israel die Einstellung eines Teddy Kollek gehabt hätten, wäre da längst eine Art Frieden hergestellt.

Kollek hat ja schon 1967 die Mauer zwischen beiden Stadtteilen niederreißen lassen.

Teddy Kolleks Bedeutung für dieses Land kann man gar nicht hoch genug einschätzen. Wir haben übrigens bei unserem ersten Besuch Golda Meir getroffen, die dem jüngeren Schmidt sehr reserviert zugehört hat, aber am Ende des Gesprächs sagte sie: »Heute Abend kommen ein paar Gäste zu mir, wollen Sie mit Ihrer Frau nicht auch kommen?« Ich erinnere mich, dass an dem Abend ausschließlich Englisch gesprochen wurde.

Golda Meir kam aus einer Familie, in der die Eltern bereits Anfang des Jahrhunderts nach Amerika ausgewandert waren. Haben Sie sich in Israel wohlgefühlt, fühlten Sie sich angenommen?

Es waren ja unterschiedliche Gruppierungen, die ich kennengelernt habe. Auf der Reise durch Israel begleitete uns ein Israeli, der Österreicher war, aber einen israelischen Namen angenommen hatte und in einem Kibbuz wohnte. Von ihm haben wir dann zum ersten Mal gehört, wie es damals im Kibbuz zuging.

Das hat Sie neugierig gemacht?

Nein, das hat uns eigentlich nicht neugierig gemacht. Es hat uns eigentlich ein bisschen abgeschreckt.

Warum?

Die Kinder standen morgens auf, gingen in den Kindergarten, wo sie zu essen bekamen, blieben den ganzen Tag dort, und abends spät kamen sie wieder nach Hause. »Wir müssen dieses Land aufbauen, und da ist es vielleicht besser, wenn die Kinder den ganzen Tag betreut sind und wir uns nicht um sie zu kümmern brauchen«, sagte der Herr, der uns begleitete. Aber ich habe ihm angemerkt, dass er und seine Frau nicht nur glücklich darüber waren.

Sind Sie in Israel mal zu Ihrem Verhältnis zum Nationalsozialismus befragt worden? Waren Sie 1966 in der Situation, sich in Israel erklären zu müssen?

Ich bin gefragt worden und habe von meiner Großmutter erzählt, die bei Frau Mendel zwei Kleinkinder versorgte und kochen gelernt hat mit vielen jüdischen Gerichten. Ich habe erzählt, dass die beiden Kinder für uns Tante Toni und Tante Anni waren und meine Eltern viele jüdische Freunde hatten; dass wir aber in Hamburg nie auf die Idee gekommen wären, dass die Freunde jüdisch sind. Das haben wir erst in der Nazizeit gelernt.

Haben Sie auch erzählt, dass Ihre Eltern jüdische Freunde auf dem Dachboden versteckt haben?

Ja. Ich konnte dann nur sagen, wie gut, dass dieser Spuk vorbei ist. Jeder hat versucht, mit Anstand da durchzukommen. Ich wurde in Israel viel gefragt: »Was für Gerichte hat Ihre Großmutter denn gekocht?« Es zeigt, dass für die Menschen die kleinen, persönlichen Erlebnisse mitunter von größerer Bedeutung sind als die ganz großen, bombastischen Gedankengebäude.

Der junge Schmidt und die junge Loki waren 1966 nicht nur in Israel, sondern auch in der Sowjetunion. Was war der Hintergrund dieser Reise?

Die Idee rührte aus einem Gespräch mit Willy Brandt her. Helmut sollte vorsichtig abtasten, inwieweit es da Gesprächsmöglichkeiten gab. Er sollte herausfinden, wie weit die Möglichkeiten für das gediehen waren, was später als »Ostpolitik« bezeichnet wurde.

War es denn nun eine private Reise oder eine politische?

Sie war als private Reise getarnt, aber es waren vorher Gesprächspartner festgelegt worden, und zwar Politiker …

… auf der mittleren Ebene …

… und Journalisten. Susanne und ich haben vorher ein bisschen Russisch gelernt, damit wir wenigstens tanken und Essen bestellen konnten. In Moskau, wenn Helmut seine Gespräche hatte, sind wir mit unserem Wörterbuch allein durch die Stadt geschlendert, haben uns irgendwo hingesetzt – möglichst da, wo auch andere Menschen saßen – und Eis gegessen. Das russische Eis, es war immer Vanilleeis, war hervorragend. Wir haben dann versucht, mit unseren Nachbarn ins Gespräch zu kommen. Das erste Mal war es eine Krankenschwester, die ein bisschen Englisch konnte und sich freute, dass sie die Sprache mal anwenden konnte. Sie fragte, ob wir schon einmal in Paris gewesen seien. Das Gespräch wurde verhältnismäßig herzlich, dann aber unterbrochen: Jemand tippte mir auf die Schulter und flüsterte mir ins Ohr: »Herr Schmidt wartet auf Sie.« Wir verabschiedeten uns also und gingen ins Hotel, wo aber kein Herr Schmidt war. Das ist uns ein paarmal passiert. Wir standen also stets unter Beobachtung. Sobald wir uns zu intensiv mit Einheimischen unterhielten, kam irgendjemand.

War es die letzte gemeinsame Reise – Mutter, Vater, Tochter? Susanne war damals neunzehn Jahre alt.

Ja, das war die letzte Reise, die wir gemeinsam unternommen haben. Es war aber noch ein Mitarbeiter meines Mannes dabei.

Das heißt, zu viert im Opel Rekord durch Osteuropa.

Ja, die Männer haben sich hin und wieder abgewechselt, denn die Fahrt durch Russland war abenteuerlich. Wir durften nur bestimmte Straßen benutzen. Schon an der Grenze bekamen wir einen Plan mit den Straßen, auf denen wir fahren durften. Alle zwanzig Kilometer etwa gab es Wachposten. Davor war jeweils eine Art Wanne, wo man durch Sand fahren musste, wahrscheinlich, um die Geschwindigkeit zu begrenzen. Häufig sahen wir, dass der Posten, der unser Autoschild gesehen hatte, telefonierte, uns also dem nächsten meldete. Für die Übernachtungskosten und drei Mahlzeiten am Tag hatten wir schon in Deutschland bezahlt, und zwar ordentlich. Wir bekamen Gutscheine. Wenn wir in einem Hotel ankamen, erhielt ich meistens viermal Bettwäsche. Dann hieß es: Zimmer soundso. Das heißt, wir haben unsere Betten jeweils selbst bezogen. Manchmal mussten wir die alte Bettwäsche vorher auch noch abziehen.

Wie viele Wochen waren Sie unterwegs?

Ich konnte nur während der großen Ferien, ich war ja noch Lehrerin. Ich hatte ein bisschen Urlaub vorweg genommen, insgesamt waren wir vier oder fünf Wochen unterwegs.

Sie sind ja nicht nur in Bonn geblieben und haben repräsentiert, sondern haben sehr viele Reisen unternommen.

Ich will Ihnen mal was sagen, der Alltag in Bonn – das haben ja die Journalisten leider nicht hören oder sehen wollen – war ganz schön anstrengend. Ich weiß, Sie wollen jetzt auf den Naturschutz hin.

Und auf die schönen Reisen. Malaysia, Borneo, Peru, Brasilien, Argentinien …

Nun hören Sie mal zu, ich hatte bestimmt einen Zehn-, Zwölfstundentag für den lieben Vater Staat in Bonn zu arbeiten, da stand mir gelegentlich auch mal ein Urlaub zu, oder nicht?

Was war's denn, Urlaub oder Reisen im Dienste der Naturwissenschaft, Frau Schmidt?

Ich habe mich nicht irgendwo in die Sonne gelegt und kalte Getränke genossen, sondern hatte das große Vergnügen, immer irgendwelche Wissenschaftler der Max-Planck-Gesellschaft zu finden, die mich auf Forschungsreisen mitnahmen – auf eigene Kosten, das muss ich betonen, denn natürlich hat sich auch gelegentlich mal jemand erkundigt, wer eigentlich meine Reisen bezahlt. Ich war sehr dankbar, dass ich mitgenommen wurde, und habe unendlich viel gelernt.

Wie hat Ihr Mann das ausgehalten? Der musste ja zurückbleiben im Kanzleramt, während Sie in der Antarktis, in Japan, in Neukaledonien oder sonstwo unterwegs waren.

Mein Mann fand das sehr aufregend, was ich da machte. Wir haben zwar häufig dieselben Länder bereist, aber von ganz unterschiedlichen Blickwinkeln aus. Außerdem hat mein Mann ja auch häufiger Reisen unternommen, bei denen ich nicht mitgefahren bin. Aus Vernunftgründen. Wir hätten uns gegenseitig gestört. Da bin ich zu Hause geblieben und hab ihn ziehen lassen.

Sie waren des Öfteren in Japan. Haben Sie sich dort auch mit Zen-Buddhismus beschäftigt?

Wissen Sie, dass ich mal in einem Zen-Kloster gesessen und etwas sehr Schönes erlebt habe?

Erzählen Sie.

Es war in einem dieser Gärten, die sich für den Europäer durch Sparsamkeit auszeichnen – ein kleines Holzhaus und eine überdachte Veranda und der Gartenraum, in Wellen und Linien geharkt, mit Kies bestreut; eine ganz schlichte Mauer und in einer Ecke, aber genau da, wo sie auch für mich hingehörte, wuchs eine Kamelie mit weißen Blüten. Ich habe auf dieser Balustrade gesessen und mir diese Wellen und die Kamelie angeguckt und fand das fabelhaft. Da kam ein Mönch, sehr leise, lächelte mich an, legte mir eine Kamelienblüte auf den Schoß und verschwand wieder. Der muss gemerkt haben, wie sehr mich sein Garten beeindruckt hat. Dieses ganz leise Lächeln zeigte, dass er merkte, dass mir diese eine Blüte Freude bereitete. Dann war er wieder weg.

Haben Sie sich sonst in Japan irgendwie zu Hause gefühlt, wohlgefühlt?

Sie meinen, wegen meiner Schlitzaugen? So ganz fremd habe ich mich jedenfalls nicht gefühlt.

Hatten Sie denn auch eine Audienz beim Tenno?

Natürlich. Das war noch Hirohito, der Vater des jetzigen Tenno, der damals schon uralt war. Zuerst kamen wir in eine Art Audienzzimmer. Ein großer Raum ohne Möbel, ein moderner Raum, und wieder genau da, wo er nach meiner Vorstellung hingehörte, stand ein Kiefernbonsai, ein ziemlich hoher, und sonst befand sich nichts in dem Raum. Das hat mir doch Spaß gemacht, dieses – für mich – Ausgewogene, nichts Überflüssiges. Dann gab es das Gruppenfoto, der Kaiser und seine Frau und wir beiden Schmidts, und danach entfernte sich die Kaiserin, gestützt, weil sie auch schon sehr alt war. Wir setzten uns zu Tisch. Die beiden Protokollchefs, der japanische und der deutsche, zischelten noch, bevor ich mich hinsetzte: »Nicht den Tenno anreden. Man muss so lange warten, bis man angesprochen wird.« Das haben sie beide wiederholt gesagt, das schien ihnen ganz wichtig.

Ich kann mir nicht vorstellen, dass eine widerspruchsstarke Frau wie Loki Schmidt diese Schweigepflicht einhalten konnte.

Hören Sie weiter. Neben mir saß ein müder alter Mann und schlürfte seine Suppe. Ich wusste, was ihn interessierte, denn

Japan 1978: Mit Kaiser Hirohito und Kaiserin Nagako.

als Zwölf-, Dreizehnjährige hatte ich einen ziemlich langen wissenschaftlichen Aufsatz von ihm gelesen über Fische, und der war gut, wissenschaftlich einwandfrei. Den Aufsatz hatte mir meine Klassenlehrerin gegeben. Und jetzt saß also dieser alte Mann da, ganz müde, und man sah ihm an, dass er da nur aus Pflichtbewusstsein saß. Da habe ich gedacht, die Protokollchefs können mich mal, und habe ihn ganz leise auf Englisch gefragt, ob er immer noch Fische beobachte. Ich kann Ihnen nicht beschreiben, wie sich dieses Gesicht verändert hat. Er saß plötzlich anders, man hatte das Gefühl, das ganze Gesicht wäre straff geworden. Er strahlte mich an und fragte: »Wieso?« Und dann habe ich ihm von dem interessanten Bericht erzählt, den ich von ihm gelesen hatte. Er fragte, ob ich mich auch mit Fischen beschäftigte. »Nein, mit Fischen beschäftige ich mich nicht, sondern eigentlich mit Pflanzen«. Da hat er ein bisschen nachgefragt. Wir haben uns sehr angeregt unterhalten, auch beim nächsten Gang noch, als er mir erzählte, dass sein Sohn zum Glück dieselbe Vorliebe für Fische geerbt habe, und beim Nachtisch war er so weit, dass er sagte: »Und stellen Sie sich mal vor, mein Sohn hat gerade vor drei Wochen in der Bucht von Tokio eine noch nicht beschriebene Fischart entdeckt.« Das ist ja was Besonderes, eine Großstadt vor der Nase mit ihren Abwässern, eine Fischart, die noch nicht beschrieben ist. Ich habe meiner Freude darüber auch Ausdruck verliehen. Dann kam ein Zeichen vom Protokollchef. Er erhob sich und nickte mir freundlich zu. Wir standen alle auf, und er verschwand.

Sie haben den müden alten Kaiser zum Reden gebracht. Gab's später Ärger mit dem Protokoll?

Kaum war die Tür hinter ihm zu, kamen die beiden Protokollchefs. »Das habe ich noch nie erlebt«, der Japaner, »dass der Kaiser so viel geredet hat.« Und der deutsche, Herr Schöller, fragte: »Worüber haben Sie sich denn bloß unterhalten?« Ich habe nur gesagt: »Wir haben uns über Fische unterhalten« und mehr nicht. Am Nachmittag, einige Stunden später, kam eine Anfrage, ob ich die private Bonsaisammlung des Kaisers sehen wolle. Das wollte ich. Das war für mich noch ein Bonbon.

Da wir gerade über Japan sprechen – es gab ja diese große Freundschaft zwischen Ihrem Mann und Takeo Fukuda, dem japanischen Ministerpräsidenten.

Ja, eine große Freundschaft. Die beiden haben sich auch das InterAction Council ausgedacht und geplant. Als beide nicht mehr im Amt waren, haben sie gesagt: Es ist doch eigentlich schade, da gibt es auf der ganzen Erde so viele ehemalige Regierungschefs, die müsste man eigentlich zusammenholen, damit sie sich in regelmäßigen Abständen ein paar kluge Gedanken über die Situation in der Welt machen. Wer seit langem dazugehört, ist Obasanjo. Den mochte ich auch immer sehr gern.

Warum hat Ihnen der Staatspräsident von Nigeria so imponiert?

Ihn habe ich in den siebziger Jahren als General kennengelernt, als in Nigeria eine Militärregierung an der Macht war. Er war Regierungschef, und bei dem offiziellen Essen saß ich neben ihm. Furchtbar viel von Afrika wusste ich ja nicht. Aber ich wusste, dass es auch in Nigeria viele verschiedene Gruppen, Volksstämme, sogar unterschiedliche Sprachen gab. Afrika ist durch die Kolonialmächte ja so albern geteilt worden, ohne Rücksicht auf irgendeine Sprachgrenze oder sonst etwas. Wir unternahmen eine Fahrt, um ein kleines bisschen von dem Land zu sehen, und zwar die Männer stehend im Auto.

Stehend?

Ja, links und rechts jubelte das Volk.

Wo saßen Sie – im anderen Auto?

Nein, im selben Auto hinter den Männern. Und ich sagte immer: »Guck mal, Helmut, da wächst der und der Baum, guck mal, da ist das und das.«

Hat ihn das überhaupt interessiert in dem Moment, wo er doch das afrikanische Volk zu grüßen hatte?

Mehr noch interessierte es Herrn Obasanjo. Irgendwann hörten die jubelnden Völker auf. Da sagte er zu mir: »Sie scheinen eine ganze Menge von der Natur zu kennen. Ich will Ihnen mal was zeigen.«

Haben Sie Englisch geredet?

Ja. Dann wies er seinen Fahrer an, einen etwas anderen Weg zu fahren. Wir fuhren also durch abgeerntete Felder, ziemlich lange, und dann sagte er: »Ist Ihnen was aufgefallen?« – »Ja, abgeerntete Weizenfelder. Ich glaube jedenfalls, dass es Weizen war, aber sehr trocken.« – »Ja«, sagte er, »das ist auch kein Wunder, die sind ja auch vor drei Jahren abgeschnitten worden«, und dann mit einer gewissen Bitterkeit: »Wir bekommen so viel Entwicklungshilfe, und zwar in Form von Getreide, das woanders zu viel ist, da wollen meine Bauern doch nicht selber anpflanzen.«

Über welche Probleme haben Sie sonst noch mit dem Militärdiktator gesprochen?

Dann kam das Essen. Er berichtete, sie wollten nun eine einheitliche Sprache in dem Land haben, damit es auch an den Schulen einfacher werden könne, was ich sehr vernünftig fand. Ich fragte, zu welchem Stamm er gehöre und ob sie die Sprache nähmen. Der Militärdiktator guckte mich groß an und sagte: »Nein, meine Sprache sprechen ja nur so wenige«, die meisten Menschen sprechen soundso, das müsse man doch nehmen. Können Sie sich vorstellen, dass dieser Mann sofort mein Herz gewonnen hat?

Dass ein Militärdiktator Ihnen sympathisch sein könnte, hätten Sie auch nicht gedacht?

Nein. Ich hatte mir darüber weiter keine Gedanken gemacht. Er ist dann ja später gewählt worden, wieder abgesägt, schlecht behandelt und ein zweites Mal gewählt. Jetzt haben wir lange nichts von ihm gehört. Ich weiß gar nicht, ob er noch lebt. Als er abgesetzt war, gehörte er zum InterAction Council.

Helmut Schmidt kommt auf eine Zigarettenlänge vorbei.

Helmut Schmidt: Moin, Moin. Zehn vor vier wirst du abgeholt, Frau Schmidt. Bei welchem Jahr seid ihr denn angekommen?

Irgendwo in den siebziger Jahren. Wir sprachen gerade über den nigerianischen Staatspräsidenten Obasanjo und den Inter Action Council. Gibt es den immer noch?

Helmut Schmidt: Ja.

Das heißt, da sind immer wieder neue Politiker hinzugekommen?

Helmut Schmidt: Ja, und einige sind gestorben, aber einige leben noch. Der tagt dieses Jahr in Europa, in Stockholm. Letztes Jahr waren wir in Amman, oder war das schon vor zwei Jahren?

Loki Schmidt: In Jordanien irgendwo.

Fahren Sie nach Stockholm?

Helmut Schmidt: Ja. Ich war lange Zeit deren Vorsitzender. Es ist für die Beteiligten eine sehr nützliche Einrichtung. Ein clubähnliches Leben und clubähnliche Umgangsformen haben wir da entwickelt. Wir reden ganz frei und offen, und es kommt nicht morgen in die Zeitung, sodass man, wenn man da zwei, drei Tage mit Leuten aus Asien, Südamerika, aus Mexiko, aus Afrika zusammen ist, eine sehr schöne Abrundung des Weltbilds kriegt. Ich habe heute Morgen gelesen, dass Olu zum Beispiel kommt – nach Stockholm.

Loki Schmidt: Das ist Obasanjo. Zweimaliger Staatschef in Nigeria, über den wir gerade sprachen. Ein unmöglich zu regierender Staat.

Ich weiß nur: Nigeria, bevölkerungsstärkster Staat Afrikas, so circa 120 Millionen Einwohner.

Helmut Schmidt: Das Problem ist, dass die 120 oder 130 Millionen Menschen über verschiedene geographische Zonen verteilt sind, wobei die nördliche Zone eindeutig moslemisch ist, da gilt die Scharia. Da kann selbst ein mächtiger diktatorisch regierender Staatschef wie Obasanjo nicht verhindern, dass eine junge Frau hingerichtet wird, weil sie mit dem falschen Mann geschlafen hat. Im Süden haben sie diese entsetzliche Stadt Lagos, eine Ansammlung von Krebsgeschwüren, die zusammenwachsen. Dazu kommt dieser Ölreichtum im Süden und dass in anderen Landesteilen noch uralte Kulturen ein vegetatives Dasein fristen. Wunderbare Kulturen mit wunderbaren Kunsterzeugnissen. Das ist schwierig zu regieren. Im Süden sind die Leute sogenannte Christen, und dann gibt es soundso viele Stämme und Völker mit Stammesreligionen.

Loki Schmidt: Die alle wieder andere Religionen haben.

Die künstlichen Grenzen Afrikas. Was ist denn aus Ihrer Sicht die Chance Afrikas? Die Probleme sind ja von Land zu Land in ähnlicher Form da, etwa dass Volksstämme auseinandergerissen wurden. Nigerias Problem ist kein Einzelfall.

Helmut Schmidt: Das ist der Normalfall in Afrika. Es gibt maximal zwei oder drei Staaten, die historisch gewachsene Identitäten und historisch gewachsene Grenzen haben – Ägypten und Äthiopien, dazu vielleicht Marokko. Das kann ich nicht beurteilen. Weißt du noch, Loki, wie wir mal über den Hohen Atlas gefahren sind und nichts zu fressen hatten außer Apfelsinen?

Loki Schmidt: Da hast du zum ersten Mal Apfelsinen gegessen. Da war nämlich Glatteis.

Warum mögen Sie keine Apfelsinen?

Loki Schmidt: Helmut mag keine Apfelsinen, der kriegt eine Gänsehaut beim bloßen Gedanken an Apfelsinen. Wir kamen von einem Kreuzfahrtschiff. In Agadir sind wir an Land gegangen und wollten nach Casablanca über den Hohen Atlas, und da war Eis und Schnee.

In der Not frisst der Teufel auf dem Hohen Atlas auch Apfelsinen.

Loki Schmidt: Genau so. Als wir dann über den höchsten Pass weg waren, wurde im nächsten Dorf heißer Tee organisiert, und zwar Pfefferminztee.

Mit fünfzig Prozent Zucker?

Loki Schmidt: Das war uns allen ziemlich egal, es war was Heißes.

Helmut Schmidt: An Marokko habe ich auch noch eine andere Erinnerung, die kommt mir im Augenblick ins Bewusstsein. Ich muss da mal einen offiziellen Besuch gemacht haben oder wir sogar zu zweit, und mir war irgendwas runtergefallen. Ich bückte mich, um das wieder aufzuheben, wahrscheinlich ein Feuerzeug, und mir platzte die Hose, hinten über dem Hintern.

Loki Schmidt: Richtig, und da hast du eine Hose gekriegt.

Helmut Schmidt: Ich hatte einen Smoking an oder so was.

Loki Schmidt: Das fällt mir jetzt auch wieder ein.

Helmut Schmidt: Da hat mir der König von Marokko, wie hieß er denn – Hassan, der hat mir seine Hose geliehen, geschenkt oder was.

Und passte sie?

Helmut Schmidt: Sie hing jedenfalls nicht. – So, ich muss los. Loki, bis nachher. Tschüs, Herr Beckmann.

1984 verhalf Ihnen Andrej Gromyko zu einer Reise. Dabei galt er doch als so miesepetrig, der klassische misstrauische Blick des Ostens, so haben wir ihn damals immer wahrgenommen.

Helmut war nicht mehr Bundeskanzler, Gromyko war, glaube ich, auch nicht mehr Außenminister, aber er hatte ja noch großen Einfluss. Hier in Deutschland gab es eine Gruppe Botaniker, »Orchideenjäger-Nachfolger«, deren Spezialgebiet heimische Orchideen waren. Sie sind auf die Idee gekommen, einmal in alten Unterlagen nachzuforschen, wann Deutsche wo in anderen Ländern Orchideen gesammelt und bestimmt haben. Sie stießen auf eine ganze Sammlung deutscher Botaniker um 1901, 1902, 1903, also um die vorletzte Jahrhundertwende. Sie hatten am Schwarzen Meer gesammelt in dem Gebiet, das heute Abchasien heißt, an der Ostküste des Schwarzen Meers. Nun wollten sie doch gern wissen, ob diese Orchideen noch dort wuchsen. Sie kamen zu mir und baten: »Können Sie nicht mal versuchen …«

Wie hat Gromyko Ihnen helfen können?

Ich habe Helmut von diesem Plan erzählt, und er hat sich an Gromyko gewandt. Es hat nicht lange gedauert, bis wir Nachricht erhielten, wann wir kommen konnten. Ich hatte einen Sicherheitsbeamten bei mir und vor allem zwei Botaniker, ein Ehepaar.

Und dann sind Sie gleich ans Schwarze Meer gefahren?

Aus Bonn erhielten wir die Nachricht, wir sollten zu einem bestimmten Zeitpunkt mit dem Flugzeug nach Moskau kommen. Ich habe dem damaligen Botschafter in Bonn gesagt: »Wir wollen ja aber ans Schwarze Meer.« Aber von Moskau aus würde das alles organisiert, berichtete der Botschafter. In Moskau wurden wir von unserem Botschafter empfangen, der auch nichts Näheres wusste. Uns begrüßte auch eine junge Dame, die hervorragend Deutsch sprach, weil sie länger in der DDR gelebt hatte. Dazu kam ein etwas holprig Englisch sprechender junger Mann, ein Botanikspezialist, der sich mit Ahorn beschäftigte und kurz davor war, sein Examen zu machen. Die Reisegruppe bestand also aus einem Ehepaar, Schmidt mit Sicherheitsbeamten und zwei Russen. Für uns war in Moskau ein Hotel reserviert. Ich hatte einen Salon mit Klavier, die anderen hatten aber auch anständige Zimmer. Ich habe dann zu Gisele, der niedlichen Russin gesagt: »Besorgen Sie doch mal ein paar Flaschen Bier für uns, und dann treffen wir uns bei mir im Zimmer, um Weiteres zu besprechen.« Als wir zusammensaßen, sagte ich: »Wir müssen ja auch noch Geld tauschen.« – »Nein, nein«, sagte die Dolmetscherin, »Sie kriegen Tagegeld.«

Hatte Gromyko Ihnen etwas Tagegeld organisiert?

Das hat die Akademie der Wissenschaften gemacht. Also, das Tagegeld war auch neu für uns. Ich bekam einen Riesenbatzen Tagegeld, das Ehepaar, die Botaniker, erhielten ungefähr halb so viel, der Sicherheitsbeamte bekam nichts. Gisele und der junge Mann bekamen nur einen Bruchteil. Da habe ich gesagt: »Gisele, Sie sind für das Geld verantwortlich. Wir tun alles, was wir haben, in einen Topf, und dann müssen Sie immer für uns bezahlen.« Das wollte sie gern tun. Es war jedenfalls so viel Geld, dass wir dem jungen Mann am Ende der Reise noch ein paar ganz tolle Stiefel kaufen konnten.

Wann sind Sie bei den Orchideen angekommen?

Wir sind von Moskau aus auf die Krim geflogen. In Sewastopol stiegen wir aus und haben dort die ersten Orchideen gesucht und gefunden, genau da, wo sie vor achtzig, neunzig Jahren entdeckt und beschrieben worden waren. An einem bestimmten Absturz von bestimmtem Gestein wuchsen sie. Wir haben fotografiert und notiert. Dann sind wir auch zu den anderen Orten am Kaukasusfuß in Abchasien und Georgien gefahren, haben natürlich am Rande alte Klöster und schöne Landschaft gesehen. Es war eine unglaubliche Reise. Zum Schluss konnte ich der Akademie der Wissenschaften dann einen Dankesbrief schreiben mit einer Liste aller Pflanzen, aller Orchideen, die wir wiedergefunden hatten, sowie mit zwei neuen Arten, die noch nicht …

… definiert waren.

Definiert waren sie, aber ihre Standorte waren nicht bekannt. Gromyko hatte das alles organisiert. Ich denke, nicht nur der Wissenschaft wegen, sondern aus Sympathie für den Kollegen Schmidt. Vielleicht fand er es auch abenteuerlich, dass ein Politiker eine Frau hatte, die so etwas machen wollte. Ich weiß es nicht.

Vermissen Sie das Reisen heute sehr? Fernweh?

Ja, sehr. Die Anregungen, die durch Neues kommen, die vermisse ich schon. Aber es hat ja keinen Sinn, da hinterherzuweinen. So viel Vernunft ist ja noch immer im Kopf drin.

Was würden Sie gern noch sehen, welchen Flecken der Erde würden Sie gern noch erobern, wenn Sie es könnten?

Was ich gar nicht kenne, ist zum Beispiel Indien. Vielleicht nicht gerade die Sumpfgebiete in Bangladesch, lieber ein bisschen höher hinaus – Nepal zum Beispiel. Reizen würden mich aber auch Teile der Wüste Gobi, wo man vor ungefähr zehn, zwölf Jahren mit Erfolg dort heimische Wildpferde aus deutschen Zoos ausgesetzt hat: die Tarpane.

Warum gerade Wildpferde?

Diese Wildpferde lebten vor Jahrhunderten dort. Derartige Auswilderungsversuche, wenn sie denn funktionieren, sind doch was Faszinierendes. Erst hauen die Menschen alles kurz und klein, und dann versuchen sie, es wiedergutzumachen. Aber natürlich würde ich auch gern – ich weiß nicht, zum zwanzigsten, fünfundzwanzigsten Mal? – nach Manaus und Umgebung.

Wüste Gobi, Manaus, gibt es sonst noch Träume, Sehnsüchte, die geblieben sind?

Geblieben ist eine große Dankbarkeit für all das, was ich gesehen habe. Das ist so viel, und es sind auch zum Teil sehr verrückte Erlebnisse.

»Wir sind ja nicht dafür konstruiert, so alt zu werden«

Über Krankheiten und die Leiden des Alters

Wie geht es Ihnen heute Morgen, Frau Schmidt?

Jetzt, wo Sie vor meiner Nase sitzen, gut, aber ich beobachte, wie ich körperlich immer ein bisschen weniger werde. Ich sehe das auch bei Freunden; sobald sie nicht mehr ganz bei sich sind, merken sie es ja mitunter gar nicht mehr. Für das Umfeld ist das nicht sehr lustig. Sie kennen mich, ich bin neugierig, und wenn es da oben nicht mehr ganz funktionierte, wäre das ein Problem.

Wie äußert sich das Wenigerwerden?

Dass man nicht mehr richtig gehen kann, dass es überall wehtut, dass man also mit Schmerzmitteln leben muss – was der Arzt auch vernünftig findet, kein Mensch soll Schmerzen haben. Da ist nun mal nichts zu machen, die Knochen sind alt, die Sehnen sind alt, die Muskeln sind alt. Dass ich Beschwerden habe, leuchtet mir auch sehr ein, denn wir sind ja nicht dafür konstruiert, so alt zu werden.

Was tun Sie für sich? Ihr Mann hat mir erzählt, er gönne sich schon mal ein Morphiumpflaster.

Das hilft bei ihm auch nicht mehr, es wirkt nicht mehr.

Warum?

Das haben wir uns natürlich auch gefragt. Wir kennen beide seine Röntgenaufnahmen, die Knochen – Bruchstücke von seiner Hüfte – haben sich wahrscheinlich inzwischen irgendwo gesetzt. Die haben etwas Frieden gegeben, sodass es jetzt bei ihm normale Schmerztabletten oder Novalgin-Schmerztropfen tun. Wollen Sie sich schon jetzt informieren, was man gegen Schmerzen macht?

Haben Sie Schmerzen, Frau Schmidt?

Natürlich. Obwohl ich biologisch ja ein bisschen geschult bin, weiß ich nicht, was schädlicher ist für einen Menschen, Schmerzen zu ertragen oder all die Schmerzmittel zu verdauen, die giftig sind – ich will das auch gar nicht abwägen. Nur glaube ich, dass Schmerzen zu ertragen sehr viel körperliche Kraft kostet, wahrscheinlich auch psychische, und deswegen finde ich die Einstellung unseres Arztes vernünftig, der sagt: »In Ihrem Alter muss man keine Schmerzen mehr haben.« Das würde ich allen anderen Menschen in meinem Alter auch sagen.

Waren Sie denn heute Morgen schwimmen?

Jawohl.

Sehr tapfer.

Ja, das sagt Helmut auch. Aber häufig muss ich mich selbst überreden.

Wie viel Meter schaffen Sie dann?

Da das Becken nicht groß ist, schwimme ich nicht hin und her – weil das blöde ist –, sondern große Achten. Ich habe mir das genau ausgerechnet, ich schwimme ungefähr hundert Meter. Wenn meine Beine lahm sind, mache ich sehr lange Gehübungen – Gehen und Hinken und Bein nach vorne strecken. Das sind alles Übungen, die ich gelernt habe, als ich im Krankenhaus war.

Gibt es auch Tage, an denen Sie sagen: »Ich habe keine Lust«?

Eigentlich muss ich mich inzwischen beinahe jeden Morgen überreden, aber da ich weiß, dass es mir hinterher besser geht, überwinde ich mich doch.

Wie gehen Sie mit den Alltagswehwehchen um? Haben Sie eine besondere Haltung entwickelt?

Ich mache das ja, indem ich es naturwissenschaftlich betrachte und es eigentlich faszinierend finde, wie dies und das nicht mehr richtig funktioniert, weil dieses Wesen – wenn man einmal vom Kopf absieht – gar keine richtige Daseinsberechtigung mehr hat.

Empfinden Sie das so, keine körperliche Daseinsberechtigung mehr zu haben?

Das, was mich selbst angeht, ist natürlich schwer zu beurteilen. Alle Lebewesen, besonders aber natürlich Tiere und Menschen, kommen auf die Welt, vermehren sich, und dann geht es abwärts. Sie müssen noch dafür sorgen, dass die Kinder anständig auf die Beine kommen, danach gibt es aber keine biologische Daseinsberechtigung mehr.

Aber wie lebenswert ist das Leben für Sie im Alter?

Manches ist sehr mühevoll. Aber wenn man noch helfen oder anregen kann, ist das doch gut. Ich tue hier im Hause Dinge, wo ich sehen kann, dass ich …

Sie testen sich selbst?

Ja, wenn ich Abendessen gekocht habe oder wenn ich Marmelade gekocht habe und die Geleegläser da stehen, ist das eine gewisse vordergründige Befriedigung, die ich lächelnd registriere.

Sprechen Sie manchmal mit Ihrem Körper, wenn er nicht so will?

Nein, hat keinen Zweck, der hört nicht auf mich. Wenn das rechte Bein heute besonders lahm ist und ich das Knie nicht so ganz krumm kriege, ist es morgen das linke. Ich muss mich also immer wieder neu einstellen, aber das hält einen beweglich.

Sind Sie sauer auf Ihren Körper, dass er nicht mehr so will?

O ja. Nicht nur manchmal, häufig sogar. Besonders, wenn ich mich an die vielen Reisen zurückerinnere. Wat hebbt wi nich allns sehn.

Aber auch in jungen Jahren bereitet der Körper ja mitunter Probleme. Sie selbst hatten ab 1944 mehrere Fehlgeburten. Kannten Sie den Grund dafür?

Ja, später. Meine Frauenärztin forschte wie ein Detektiv nach dieser unbekannten Krankheit und ist in Österreich fündig geworden. Dort gab es sechzehn beschriebene Fälle. Wir haben die Krankenblätter gemeinsam durchgelesen.

Was stand darin? Was hatten die Österreicher längst herausgefunden, was man in Deutschland noch nicht wusste?

Dass es sich um giftige Plasmen handelt, daher die Bezeichnung »Toxoplasmose«. Die griffen den Fötus an.

Wenn man es nach dem heutigen Stand der Medizin betrachtet, ist es eine kleine Irritation, und jede Frau wird sofort auf Toxoplasmose untersucht. Was haben Sie dann versucht, um trotzdem noch ein Kind in die Welt zu setzen?

Wir wollten gern noch ein Kind haben. Die Ärztin hat sich an das Bernhard-Nocht-Institut – Tropeninstitut – gewandt. Das muss etwa 1948/49 gewesen sein. Die hatten nämlich ein neues, vielleicht das erste in Deutschland entwickelte Antibiotikum und wollten es bei uns anwenden. Wir waren also »Versuchskaninchen«. Die Behandlung war äußerst eigenartig: Morgens bekam man eine kleine Pille, die Fieber erzeugte. Das Fieber musste über vierzig Grad ansteigen, ehe man das Antibiotikum mit Namen »Auriomyzin« nehmen durfte.

Sie mussten es beide nehmen? Mann und Frau?

Die Ärzte waren sich nicht klar darüber, ob bei Toxoplasmose nicht möglicherweise der Mann der Auslöser war.

Waren Sie beide sofort überzeugt: Das machen wir, wir spielen mit?

Ja. Wir haben das beide über uns ergehen lassen, aber eine Empfängnis ist später nicht mehr eingetreten.

Die Rückschläge blieben nicht aus. Mit fünfundvierzig Jahren ist Ihr Körper noch einmal auf eine harte Probe gestellt worden.

Na ja, ich habe 1964 eine Gelbsucht gehabt, sodass dieses ganze Haus ausgeräuchert werden musste.

Wieso wurde das Haus ausgeräuchert?

Weil man davon ausging, dass die Gelbsucht so ansteckend war, dass das Haus desinfiziert werden musste.

Glauben Sie an die alternative Medizin?

Da wir Deutschen leicht ein bisschen hysterisch sind, gibt es bei uns Menschen, die meinen, man solle die ganze moderne Medizin beiseitepacken und sich nur auf die alten Dinge konzentrieren. Viele Hausärzte – Wald- und Wiesenärzte, und das meine ich positiv – gibt's leider nicht mehr. Sie waren schon immer der Meinung: Warum gleich mit Kanonen schießen?

Wir nehmen erst mal das Sanftere. Als wir nach Bonn kamen, hatte ich sehr häufig Zwölffingerdarm- und Magengeschwüre. Die Diagnose von einem sehr tüchtigen Arzt: zu viel Arbeit! Denn damals hatte ich, wie gesagt – das glaubt einem heute ja keiner mehr –, einen Zehn-, Zwölfstundentag. Und häufig waren die Wochenenden auch mit eingeteilt. Dieser tüchtige Arzt aus dem Bundeswehrkrankenhaus Koblenz sagte: Schonen! Regen Sie sich nicht so auf! Morgens um elf ein kleines Glas Sekt! Ich hab gesagt, ich mag keinen Sekt. Den sollen Sie nicht mögen, das ist Medizin. Das entspannt. Also habe ich morgens mein Glas Sekt getrunken.

Hat es geholfen?

Weiß ich nicht. – Später fiel mein Mann auch häufiger um.

Der ist einfach umgekippt? War das in der Zeit seiner Kanzlerschaft, zwischen 1974 und 1982?

Ja.

Auch eine Stresserscheinung, oder war es das Herz?

Darüber sind sich die Ärzte bis heute nicht einig. Bei ihm waren es sechzehn Stunden. Aber mit seinem Schrittmacher – inzwischen hat er den dritten – geht es prima.

Wie groß waren die Ängste um Ihren Mann?

Natürlich habe ich Ängste ausgestanden, als mir mein Mann dauernd umgekippt ist, natürlich habe ich Ängste ausgestanden, als mein Mann nach seinem zweiten Infarkt gar nicht mehr ansprechbar und mit tausend Schläuchen verziert war, aber in der Situation – beide Infarkte haben sich ja am Brahmsee ereignet – hatte ich das Gefühl, innerlich ganz kalt zu sein. Und du rufst jetzt den an, und dann muss der Hubschrauber erfahren, dass er da auf dem Parkplatz landen kann und dies und das. Die Sicherheitsbeamten sagten: »Also, Frau Schmidt, wie Sie uns da so ruhig und sicher alle verteilt haben, wir haben das nur bewundert.« Da bin ich eiskalt, aus Vernunft.

Wann genau war der erste Infarkt?

Der ist noch nicht so lange her. Als ich beim zweiten Infarkt am Brahmsee endlich den Notarzt im Hause hatte mit seiner Begleitung, haben wir uns erst einmal angegrinst, das war nämlich derselbe Notarzt mit seinem Piloten, der vier Jahre zuvor auch schon da war. Die kommen, glaube ich, mit zwei Helfern, und beim ersten Mal tüdelten dauernd die Helfer mit mir rum, sodass ich sagte: »Der Patient liegt da, ich bin nicht der Patient.« Da holten die tief Luft und meinten: »Wissen Sie, nach unserer Erfahrung genügt es, wenn sich einer um den Patienten kümmert, wir kümmern uns immer um die Verwandten, die uns das Leben schwer machen mit ihrem Hach Gott, och Gott, och Gott ...«

Wussten Sie jedes Mal, dass es ein Infarkt ist?

Nein, aber dass es etwas Ungewöhnliches war, habe ich an seinen anderen Reaktionen gemerkt, an seinem anderen Gestöhne. Ich habe gemerkt, dass mein Mann sofort ins Krankenhaus musste. Aber da war er ja auch noch nicht weggetreten – beim zweiten Infarkt war er noch ansprechbar, auch abends im Krankenhaus. Der Arzt hatte mich nach Hause geschickt und gesagt: »Wir müssen erst einmal eine genaue Untersuchung machen. Was genau vorliegt, wissen wir nicht. Kommen Sie doch bitte nachher wieder.« Abends gegen elf bin ich dann wiedergekommen. Inzwischen hatten sie ihn untersucht, und mein Mann sagte mir ganz ruhig und nüchtern: »Das ist ein Infarkt, und ich muss operiert werden, und zwar morgen früh.« Wir haben dann noch sehr nüchtern überlegt: Was muss geklärt

Am Brahmsee.

werden? Eine Sitzung absagen, der Sekretärin das und das sagen. Also ganz nüchtern haben wir das Nötige besprochen, was den Hintergrund oder die Umgebung angeht. Dann bin ich nach Hause gegangen und habe unsere Tochter angerufen, und am nächsten Tag bin ich dann erst nach der Operation wieder da gewesen. Da war er überhaupt nicht ansprechbar, und das hat ein paar Tage gedauert.

Der Vernunftmensch Loki …

Ich bin wirklich mehr ein Vernunftmensch, zumindest in kritischen Situationen. Da funktioniert mein Gehirn.

Wie hat denn Ihr Mann reagiert, als es Ihnen schlecht ging, als Sie im letzten Jahr die Probleme mit dem Rücken bekamen?

Im letzten Jahr hatte ich meine fieberhafte Bronchitis in Eigenbehandlung schon ziemlich hinter mich gebracht. Ich hatte dazu den Norovirus. Außerdem hatte ich Rückenschmerzen. Dass da einige Wirbel gebrochen waren, wusste ich nicht. So gut kann man ja nicht Hals über Kopf in sich hineingucken. Da haben wir zusammengesessen, und mein Mann hat zu mir gesagt: »Willst du nicht ins Krankenhaus?« Das hatte ich mir schon als Möglichkeit überlegt, aber auch gedacht: Du kannst deinen Mann nicht allein lassen. Als er das vorschlug, habe ich gesagt: »Ja, sofort.«

Das heißt, da waren Sie wieder so vernünftig und haben erst einmal nur an Ihren Mann gedacht und nicht an sich.

Das ist mir zu theatralisch ausgedrückt, aber es ist so. Ich glaube, Sie haben recht.

Sie haben ja auch früher schon intensiven Kontakt mit Ärzten pflegen müssen.

Ich hatte Magen- und Zwölffingerdarmgeschwüre. 1986, als wir nach Hamburg zurückgekommen sind, bin ich zu einem Internisten gegangen. Der sagte zu mir: »Ich habe gerade etwas Spannendes gelesen. Da hat ein Kollege von mir einen Selbstversuch gemacht. Er ist nämlich der Meinung, die Magen- und Zwölffingerdarmgeschwüre resultieren nicht aus Überarbeitung, sondern kommen von einem Bakterium.« Mit einem Schlauch schluckte er Magensaft von einem Kranken. Und siehe da, nach zwei Tagen hatte er ein Magengeschwür, das er dann genau untersuchte. Ich rede jetzt von 1986, und der Versuch war 1983. Das Bakterium hat auch schon einen Namen, »Helicobacter pylori«. Und siehe da, der Helicobacter saß auch in meinem Magen. Der Arzt sagte: »Es gibt im Augenblick nur eine Möglichkeit, Sie müssen eine Woche lang Wismut schlucken. Wismut ist giftig, das wissen Sie. Es kann sein, dass Ihnen die Haare ausfallen. Wollen Sie den Versuch machen?« Ich stimmte zu. Mir sind die Haare nicht ausgefallen.

Ganz schön zäh, die Schmidt!

Ich fand das spannend. Haben Sie mal tagelang Magenschmerzen gehabt?

Nein.

Sonst wüssten Sie, dass ich gar nicht mehr so zäh war, sondern dass es sich um eine Art Selbsterhaltung handelte. Jedenfalls war das Geschwür weg. Ich habe den Arzt sehr gelobt, dass er diese Untersuchung sofort in seine Möglichkeiten einbezogen hat. Fünf Jahre später hatte ich wieder Schmerzen. Inzwischen war die Behandlung viel einfacher: Man bekam ein Harnsäurepräparat mit Zitronensaft zu schlucken, damit es nicht so schlecht schmeckte – eine harmlose Sache. Kein Schlauchschlucken mehr, sondern nach einer gewissen Zeit in einen Beutel blasen. Da zeigte sich: Mein Helicobacter war wieder da. Heute ist die Behandlung sehr viel einfacher. Fünf Tage lang muss man morgens etwas zum Entsäuern des Magens schlucken, dann gibt es ein Antibiotikum – nach fünf Tagen ist das Biest weg. Diese Entwicklung von der Entdeckung bis zu einer gut erträglichen Behandlung habe ich miterlebt.

So, jetzt schlagen wir die Krankenakte Loki Schmidt zu, oder drückt noch irgendwo der Schuh?

Noch etwas – ich wackel ja schon seit Jahren mit dem Kopf. Ein Arzt meinte: »Wollen Sie nicht mal zum Neurologen gehen? Es kann sein, dass sich da ein Parkinson andeutet.« Dann las ich aber zufälligerweise Thomas Manns »Lotte in Weimar«. Da wird ganz genau beschrieben, als fiktive Begegnung Lottes mit ihrem früheren Anbeter, wie die alte Lotte mit dem Kopf wackelt. Sehr lieb. Da habe ich mir gedacht, wenn Thomas Mann das schon beobachtet hat und es niedlich findet, wackel du man weiter mit dem Kopf. Der Neurologe hat mich sehr sorgfältig geprüft, dann hat er sich vor mich gestellt und gesagt: »Traurige Mitteilung, nix Parkinson.«

Hat er dabei mit dem Kopf gewackelt, als er die Diagnose stellte?

Er hat mit dem Kopf geschüttelt. Dann hat er mir etwas Interessantes gesagt: Sie müssen aufpassen. Parkinson fängt häufig mit Händezittern an. Wenn Sie Schwierigkeiten haben, die Knöpfe zuzumachen, kommen Sie mal wieder zu mir. Probleme beim Knöpfezumachen sind das allererste Anzeichen.

Also, liebe Loki, einfach ein bisschen weiterwackeln.

Ich wackel weiter. Ist es nicht verblüffend, was in meinem kleinen Leben passiert ist? Dass ich miterlebt habe, wie Krankheiten beschrieben wurden und einen Namen bekamen?

Lesen Sie eigentlich die Kolumne Ihres Mannes »Auf eine Zigarettenlänge mit Helmut Schmidt« in der Zeit*?*

Es gibt Dutzende von Menschen, die sagen: Die neue *Zeit* kommt, erst einmal das Zigaretten-Interview.

Wann haben Sie Ihre erste Zigarette geraucht?

Ich habe vor Helmut angefangen, mit zehn Jahren.

Woher hatten Sie mit zehn das Geld für die Zigaretten?

Meine Geschwister und ich bekamen zwar nie Taschengeld – dazu war wie bei vielen Familien zu wenig Geld da –, aber Klassenkameraden brauchten einen Mitschuldigen, und als Mitschuldiger beim Zigarettenrauchen im Stadtpark war ich bestens geeignet. Greiling »schwarz-weiß«, 2½ Pfennig, kleine Packung. Da waren immer vier Stück drin für einen Groschen.

Das waren die billigsten Zigaretten. Die gehobenere Stufe war »Ernst-August« für $3^1/_3$ Pfennig, da waren dann nur drei Zigaretten drin, aber es gab auch Sechser-Packungen.

Dass der Kopf so frisch und wach ist mit neunundachtzig, liegt also am Nikotin. Haben Sie noch andere Beweise für diese kühne Annahme?

Ich denke, dass irgendetwas an diesen, sagen wir mal, Rauschmitteln ist, die geraucht werden. Die tauchen ja in allen alten Kulturen auf. Ich weiß nicht, ob sie immer nur berauschende Wirkung hatten, möglicherweise hatten sie auch eine Wirkung, dass der Kopf klarer wurde und diese Menschen – Zauberer oder Medizinmänner – ein bisschen klarer Zusammenhänge sehen konnten.

Haben Sie sich denn jemals für Haschisch oder Marihuana interessiert?

Nein. Als es Hasch gab und Marihuana und diesen Pilz …

Psilocybinpilz und Meskalinpilze …

… da war ich schon zu alt, um es auszuprobieren. Mir war klar, dass damit eine Gesundheitsschädigung möglich war.

Aber Sie hätten es gern ausprobiert, wenn Sie jünger gewesen wären.

Nein, das hat mich nie gereizt. Allerdings habe ich als Kind alles in den Mund gesteckt, um es auszuprobieren, als kleines Kind schon Blätter, ich habe mir immer gesagt: Es mag sein, dass es giftig ist, ich spucke es aber ja wieder aus.

Als in den siebziger Jahren viele in Deutschland Haschisch und Marihuana geraucht haben, war keine Verführung da?

Nein, in den siebziger Jahren war überhaupt keine Muße. Diese Seite der Bonner Zeit wird ja nie geschildert, dieses Präsentseinmüssen bis in die Nacht hinein. Hin und wieder musste man ja sogar auch mal mit dem Kopf arbeiten.

Ich nehme an, es war viel Fremdbestimmung dabei, dass man hin- und hergeschoben wurde von einem zum nächsten Termin?

Ja, natürlich. »Fremdbestimmung« ist übrigens in diesem Zusammenhang ein wunderschönes Wort. Natürlich spielte das Protokoll eine Riesenrolle. Nur hatte ich es bald so weit, dass wir vernünftig wie normale Menschen zusammengesessen haben und in Ruhe all die Punkte besprochen haben, die Termine, die zu klären waren. Das hat bald gut geklappt, denn vom Protokoll abhängig zu werden, ist übel.

Loki, wo Sie sich jetzt gerade eine Zigarette anstecken, haben Sie denn Ihren Mann Helmut Schmidt zum Zigarettenrauchen verführt?

Nein, eigentlich nicht. Er gehörte zunächst nicht zu dieser kleinen Gruppe, die durch den Stadtpark zur Schule gehen musste.

Wie lang war Ihr Schulweg?

Das hat endlos gedauert, zwanzig Minuten zu Fuß, ohne umzugucken. Zwanzig Minuten S-Bahn und dann gut zwanzig Minuten durch den Stadtpark, denn die S-Bahn-Station befindet sich an der östlichen Seite und die Schule lag an der südwestlichen Seite des Stadtparks.

Über sechzig Minuten. Das war genügend Zeit, mal eine Zigarette schon vor der Schule zu rauchen?

Niemals! Auf dem Hinweg war man gedanklich doch schon halb in der Schule. Der Rückweg dagegen war immer etwas weiter. Aber nicht nur wegen der Zigaretten. Im Stadtpark gab es zu jeder Jahreszeit viel an Tieren und Pflanzen zu beobachten.

Dass Sie mit zehn angefangen haben zu rauchen, Loki, ist dann doch ein wenig früh.

Ich bin eben ein Frühblüher gewesen.

Und wie fanden die Eltern das mit den Zigaretten?

Ob meine Eltern gewusst haben, dass ich mit zehn im Stadtpark die ersten Zigaretten geraucht habe, weiß ich nicht. Als ich etwa fünfzehn war, haben meine Eltern gemerkt, dass ich auch einmal rauchte. Das war 1934, mein Vater war arbeitslos. Nach der Schule eilte ich nach Hause und kochte meinen Geschwistern etwas zu essen. Häufig fuhr ich danach wieder in die Schule zu Orchester- oder Chorproben oder zu Webarbeiten. Später habe ich meinen Geschwistern Abendbrot gemacht, und erst dann habe ich mich hinsetzen und Schularbeiten machen können. Da hat mein Vater mir eine Tasse Kaffee gekocht und an den Rand eine Zigarette gelegt und mir beides leise hingeschoben und mich arbeiten lassen. Da war das Rauchen akzeptiert und wurde geduldet.

»Ich habe keine Angst vor dem letzten Schritt«

Leben im Alter und Gedanken an das Ende

Guten Morgen, Frau Schmidt, gut geschlafen?

Wir schlafen ja beide jetzt immer viel. Als Sie gestern weggingen, suchte ich meinen Mann und fand ihn tief im Schlaf versunken in seinem Bett. Ich wusste, dass sein Fahrer noch etwas aus dem Büro bringt, bin also aufgeblieben. Helmut ist nach zwei Stunden wieder aufgestanden und an den Schreibtisch gegangen. Jedenfalls haben wir uns nachmittags dann noch einmal hingelegt.

Wie war denn das in schwierigen politischen Zeiten, zum Beispiel bei der Hamburger Flutkatastrophe und der Baader-Meinhof-Krise?

Helmut hat viel von seinem Vater geerbt, auch die Intelligenz und das Durchhaltevermögen. Wie hätte er sonst manche Dinge in der Bonner Zeit durchstehen können? Und, was ich bewundert habe, sowohl bei der Flutkatastrophe als auch bei der Baader-Meinhof-Geschichte, ist, dass Helmut abschalten kann. Er war natürlich todmüde, er ist ins Bett gefallen und sofort eingeschlafen.

Und dieser tiefe, lange Schlaf jetzt im Alter ist ja ein echtes Privileg.

Ja, das weiß ich von den Ärzten. Es gibt ja die Alterskrankheit, der offizielle Name lautet »präsenile Bettflucht«. Als ich das zum ersten Mal gehört habe, habe ich einen Lachanfall gekriegt und dachte, das wäre ein Witz. Wir haben die »senile Bettsucht«, das ist ganz klar. Ich habe natürlich auch schon einmal mit einem Arzt darüber gesprochen. Helmut kann mindestens so viel schlafen wie ich, beinahe noch mehr.

Schaffen Sie zehn Stunden?

Dicke und zusätzlich nachmittags. Professor Greten, unser Arzt, der Helmut und mich ja nun genau kennt, hat mir vor Jahren auf meine Sorge hin gesagt: »Das ist doch ganz klar, Sie tun beide für Ihr Alter noch sehr viel. Da braucht der Körper länger zum Regenerieren.« Das leuchtet einem ein.

Aber man unterstellt doch älteren Menschen immer, dass sie so sorgenvoll werden im Alter.

Ja, und nicht schlafen können.

Weil der Kopf einfach immer noch arbeitet …

Der Kopf arbeitet natürlich auch so, mehr oder minder auch mit Belanglosigkeiten. Meistens überlege ich mir vor dem Einschlafen, was es am nächsten Abend, am übernächsten, am überübernächsten zu essen gibt. Ob ich das nachher koche, ist eine zweite Frage, aber damit schlafe ich meistens ein, mit solchen hausfraulichen Dingen.

Der Gedanke, ob es nun Rosenkohl oder Blumenkohl werden soll, hat etwas Beruhigendes für Sie?

Natürlich schlägt man sich auch einmal mit Problemen herum. In dem Fall, muss ich allerdings sagen, schlucke ich eine leichte Beruhigungspille. Ich habe im Krankenhaus jeden Abend die doppelte Dosis bekommen, vermutlich, damit ich mir keine Sorgen wegen meines kaputten Rückgrats mache.

Hat das Alter auch ein Gefühl von Einsamkeit zur Folge?

Natürlich. Aber es gibt immer noch Menschen, die etwas von uns wollen. So furchtbar viele Menschen, die neunzig werden und noch irgendwie mitarbeiten, gibt es nicht. Das ist so.

Aber Sie haben doch noch regelmäßig Besuch hier zu Hause?

Es gibt eine ganze Reihe jüngerer Menschen, zum Teil beinahe im Alter meiner Enkelkinder, die ich leider nicht habe, die sich melden: »Kann ich mal vorbeikommen?« Die wollen eigentlich nur mit mir klönen. Vielleicht wollen sie wissen, was die Uralte zu den und den Dingen sagt oder von den und den Dingen hält.

Einer, der oft zu Besuch kam, war Hans-Jochen Vogel. Er war ja Justizminister während der Kanzlerschaft Ihres Mannes. Bei ihm habe ich das Gefühl, er ist aus der Klarsichtfolie seines politischen Lebens herausgesprungen und kommt heute viel offener, herzlicher und meinungsfreudiger daher.

Das ist doch bei meinem Mann auch der Fall.

Bernard Shaw sagt: »Vorsicht vor alten Männern. Sie haben nichts mehr zu verlieren.«

Ja. Sie trauen sich mehr, sie freuen sich, weicher zu werden. Ich glaube, das ist es. Hans-Jochen Vogel ist ja nun seit Jahrzehnten im Sommer zum Brahmsee gekommen. Er brachte immer eine Mappe mit Aufzeichnungen in seiner kleinen, sorgfältigen Schrift mit. Die Punkte wurden abends nach dem Abendbrot oder je nachdem, wann er kam, abgearbeitet. Eines Tages sagte ich: »Willst du nicht mal Lieselotte mitbringen?« – »O ja.« Jetzt kommt er immer noch mit einem Aktendeckel, aber da ist nicht mehr ganz so viel drin, sondern die Unterhaltung ist mehr auf alle vier Personen bezogen.

Gibt es denn so Momente von Melancholie oder großer Traurigkeit?

Man darf dem ja nicht allzu viel Zeit widmen. Ich brauche ja nur mal ein ganz kleines bisschen zurückzudenken. Vor zwei Tagen war eine Notiz in der Zeitung, die Helmut dazu brachte, zu sagen: »Du warst doch auch mal in Nordborneo.« – »Ja.« – »Weißt du noch, wie der Volksstamm hieß, bei dem du so abenteuerliche Sachen erlebt hast?« – »Ja, die hießen wahrscheinlich Dayak.« Und dann fiel mir wieder eine rührende Geschichte ein. Ich wollte so gern einmal ein »Langhaus« sehen – Langhäuser sind Gebäude auf Stelzen, die in Urwaldlichtungen stehen. Als der Hubschrauber landete, sah ich schon, dass die Bevölkerung zusammenlief. Männer mit Speeren kamen uns entgegen, Frauen hinterher. Auf unserer Seite verschwanden meine Begleiter hinter meinem Rücken. Je näher ich kam, desto mehr gruppierte sich das Feld um: Die Männer gingen etwas mehr zur Seite, und die Frauen kamen nach vorn. Ich lächelte erst einmal. Dann habe ich angefangen zu sprechen, auf Deutsch – wie hübsch sie seien und wie niedlich ihre Kinder aussähen, dass es hier so besonders schön sei und ich mich freute, hier zu sein. Ich habe auf die Frauen eingeredet und ihnen freundliche Dinge erzählt. Plötzlich drückte mir die ganz vorn Stehende ihr Baby in die Hand. Ich habe das Kind genommen, und es hat mir zum Glück den Gefallen getan und gekreischt und gelacht und meinen Finger genommen. Auf einmal waren alle Frauen um mich versammelt. Und dann kamen die Männer mit ihren Speeren. Ich weiß nicht, wie viele kleine schweißfeuchte Hände ich gedrückt habe, die Männer legten immer die Hand aufs Herz, bevor sie meine Hand drückten. Die Frauen zeigten mir ihre Babys, die ich gestreichelt habe, und zu guter Letzt kamen auch meine Begleiter.

Sie kamen aus der Ecke, aus der Schutzzone.

Sie kamen, und es war Friede und Freundlichkeit. Wir konnten uns zwar überhaupt nicht verständigen, aber ich habe die ganze Zeit geredet. Am Tonfall merkt man ja, was ist. Dann geschah etwas ganz Seltsames: Die Männer und die Frauen standen jetzt in Linie bei mir, hinter mir standen die anderen Deutschen. Diese Menschen um uns waren übrigens sehr, sehr viel kleiner als wir. Aus dem Langhaus kam ein alter Mann, allein. So etwas Würdevolles! Woran das lag, kann ich Ihnen nicht sagen – ein alter, weißhaariger Mann kam würdig auf mich zugeschritten, und man überlegt in so einem Augenblick ja nicht. Nur ich bin ihm entgegengegangen. Dann trafen wir uns, und ich verbeugte mich. Er verbeugte sich auch. Wir lächelten uns an. Daraufhin machte er eine einladende Bewegung, wir sollten zu dem Langhaus kommen. Drinnen standen noch viele Menschen, in dem Haus wohnten ungefähr vierzig Familien. Es standen dort auch Kinder. Ein Mädchen trug eine Schuluniform. Ich habe mich zu den Kindern gestellt und gefragt: »Ist hier einer, der Englisch versteht?« – Es meldete sich die mit der Schuluniform. Da habe ich ihr gesagt: »Du musst jetzt unser Übersetzer sein.« Das hat sie auch voller Stolz gemacht.

Wir sind eigentlich von einem ganz anderen Punkt ausgegangen, Loki. Wir waren dabei, über den Alltag im Alter zu sprechen. Dass es auch melancholische Momente gibt.

Wie bin ich dann plötzlich nach Nordborneo geflogen?

Auf einmal sind Sie mir weggeflogen. Ich habe gedacht, ich fliege jetzt mal mit – gedanklich ins Langhaus nach Borneo. Weil Sie eben von der Melancholie sprachen, wie fühlt sich diese Traurigkeit im Alltag an?

Es gibt Augenblicke, da macht das Leben überhaupt keinen Spaß, dann jammere ich so ein bisschen vor mich hin, das haben wir früher als kleine Kinder »günseln« genannt, nicht richtig weinen, sondern so ein bisschen jammern. Das tue ich aber nur, wenn ich allein bin. Wenn ich merke, dass jemand sich mir nähert, muss ich mich zusammennehmen, und das will ich auch. Ich glaube, dass es als alter Mensch wichtig ist, sich immer wieder zusammenzureißen, jeder kennt ja seine Gebrechen oder kann sich vorstellen, dass alte Menschen Gebrechen haben. Wenn man sich gehenlassen würde, würden einem nämlich all die negativen Dinge des Altseins in den Sinn kommen, und wenn man sich ein bisschen am Riemen reißt, fallen einem Dinge ein, die positiv sind, wie zum Beispiel Nordborneo. Wir beide, mein Mann und ich, haben uns beispielsweise in den letzten Jahren immer wieder gesagt: Was ist das für ein Glück, jetzt haben wir ja schon beinahe fünfundsechzig Jahre keinen Krieg. Das können junge Menschen nicht so empfinden, aber für alte Menschen ist es ein Glück, dass kein Krieg ist. Es ist ein Glück, dass wir satt werden können. Es ist ein Glück, dass wir in einer warmen Wohnung leben. Es ist ein Glück, dass wir eine schöne Wohnung haben, denn all das haben wir auch einmal nicht gehabt. Daran muss man sich immer mal wieder erinnern.

Die Generation von heute ist auf andere Werte ausgerichtet, ist konsumorientiert und kann diesen Gegensatz nicht herstellen und deshalb möglicherweise auch nicht diese Dankbarkeit empfinden.

Sie kann das nicht herstellen, denn da fehlen Kriegserlebnisse, und ich bin dankbar, dass sie die nicht haben. Es fehlen ihnen aber auch Notzeiten. Und manches Mal, das sage ich ganz offen, denke ich, eine kleine Notzeit wäre vielleicht aus pädagogischen Gründen gut. Sie müssten ja nicht gerade hungern. Wenn Zeitungen heute von der Armut der Kinder schreiben, gibt es mitunter Fotos: ein Kinderzimmer, ein Bett, über dem Bett ein Bord, und da sind viele Spielsachen aufgestellt. Dieses arme Kind soll ein Beispiel sein für arme Kinder. Dann denke ich, dass es zum Beispiel noch 1962, als ich als Lehrerin an die Schule Langenhorn kam, Familien gab, bei denen die Kinder zu zweit in einem Bett schliefen. Ich habe darum gebeten, die Mutter nachmittags einmal besuchen zu können. Sie war eine handfeste, robuste Frau, die mit ihren sechs Kindern in einer umgebauten Flakbaracke lebte. »Ja, die Kinder schlafen zu zweit in einem Bett«, sagte sie, »das finden sie auch richtig schön, da können sie sich abends noch was erzählen. Ich brauche ja Platz, denn die Kinder müssen ein anständiges Zimmer haben zum Spielen.« Dann zeigte sie mir das Spielzimmer – ein Anbau an die Baracke mit einem großen Fenster und festem Fußboden. In einer Ecke stand ein Tisch, in einer anderen Ecke stand ein Kasten mit Saftflaschen und sonst nichts. »Hier können die Kinder spielen, hier können sie sich auf dem Fußboden wälzen, am Tisch können sie Schularbeiten machen.« Es gab ein paar Stühle unter dem Tisch. »Hier kommen auch die Freunde her, hier können sie sogar, wenn es draußen regnet, ein bisschen mit dem Ball spielen.« Da habe ich gedacht, was ist das für eine vernünftige Frau. Ich glaube, dass sie recht hat, zu zweit in einem Bett zu kuscheln, finden Kinder schön, da können sie sich noch was erzählen. Wenn das Bett groß genug ist, schlafen sie da auch wunderbar zu zweit. Diese Idee, dass die Kinder einen Raum brauchen, wo sie sich frei bewegen und spielen können, wo sie sich auf den Fußboden eine Zeitung legen und die bemalen können, fand ich sehr gut.

Das Alter ist in unserer Gesellschaft ja oftmals mit Vorurteilen belegt.

Ja, so ist es. Wenn ich an meine eigene Kinderzeit zurückdenke, war Alter was anderes. Das kommt nämlich immer auf die Brille an, mit der man etwas betrachtet.

Beschreiben Sie es, warum war in Ihrer Kinderzeit das Alter etwas anderes?

Die Alten brauchten nicht mehr zu arbeiten, sondern wurden ein bisschen verwöhnt. Jedenfalls hatte ich als Kind das Gefühl, da hat man so viel erlebt, und jetzt braucht man nichts mehr zu tun, braucht eigentlich nur noch auszuruhen.

Hatten Sie als Kind eine schöne Vorstellung vom Altsein?

Eine wunderschöne. Die Großmutter brauchte nur noch ein bisschen Essen zu kochen, und dann konnte sie lesen. Mein Kinderbild vom Altsein war eigentlich heiter – ohne Arbeit, und irgendjemand ist immer da, der etwas zu essen und zu trinken bringt.

Möchten Sie auch mehr betüdelt werden und die kleinen Privilegien des Alters genießen?

Nein. Außerdem bin ich noch viel zu selbständig im Kopf. Ich möchte nicht von morgens bis abends betreut werden. Ab mittags ist Schluss, dann hat die Betreuung das Haus zu verlassen, und wenn es noch so mühsam ist. Vielleicht hängt das mit meinem Leben zusammen, weil ich ja von Kinderzeiten an immer in die Pflicht genommen wurde. Dieses kleine bisschen Freiheit, das ich habe, wenn keiner hier im Haus ist, genieße ich durchaus. Auch wenn damit verbunden ist, dass ich mühevoll in der Küche herumstapfe, um uns etwas zu essen zu kochen. Aber ich möchte das tun, dann weiß ich, was im Kochtopf ist. Mein Mann sagt manchmal: »Wir können uns doch jemanden leisten.«

Er macht diesen Vorschlag: Komm, lass uns doch für nachmittags auch noch jemanden holen.

Für abends. Und dann sage ich zu ihm: »Dann such mal jemanden.«

Und hat er gesucht?

Ich sage: »Entweder musst du jemanden finden, der das Abendbrot mal um Viertel nach sieben macht, dann musst du allerdings auch am Tisch sitzen, wenn es was Warmes gibt.« Dann zieht er schon ein Gesicht. »Oder wir beide müssen uns gewaltig umstellen. Wenn um halb sieben jemand käme und es um sieben Essen gäbe. Dann müssen wir essen, und hinterher räumt derjenige noch weg. Ich kann mir vorstellen, dass man so jemanden findet, aber jemanden, der in unseren verrückten Tagesplan passt, findest du nicht.«

Hat Ihr Mann aufgegeben zu suchen?

Ja.

Dieses Alleinsein am Nachmittag, wenn Ihr Mann im Zeit-*Büro ist, ist das ein bisschen Seelenpflege, weil Sie auch gern allein sind?*

Es ist das Gefühl von Freiheit, das ich im Laufe meines Lebens so häufig ja nicht hatte. Wobei zu der Unabhängigkeit des Nachmittags eben durchaus gehört, dass ich mich entweder ins Bett oder auf das Sofa lege und eine Stunde schlafe.

Ihr Mann ist dann im Büro, das heißt, Sie sind wirklich für drei, vier Stunden allein, bevor er zum Abendbrot zurückkommt?

Er ist auch manchmal da, wenn er nicht im Büro ist. Entweder wird gemeinsam beschlossen, jetzt schlafen wir, oder er geht an den Schreibtisch und arbeitet, und ich lege mich hin. Aber auch wenn er im Hause ist, wir können uns das Leben hier einrichten, das heißt, es kann durchaus vorkommen, dass ich mich eigentlich hinlegen möchte und mein Mann sagt: »Können wir mal Schach spielen?« Das kommt natürlich vor.

Sie geben Ihrem Mann keinen Korb, grundsätzlich nicht?

Nein. Es sei denn, dass ich – nein, ich würde sagen, nie. Ich habe die Zeiten ja miterlebt, wo dieser Mensch Tag für Tag fünfzehn, sechzehn Stunden gearbeitet hat mit einer Verantwortung, die sehr schwer war. Diesen Mann noch zu bitten: Kannst du mir mal eben den Ascheimer ausleeren … So verrückt bin ich nicht. Es gibt aber Menschen, die ein gepflegtes Beamtendasein geführt haben, die sagen: »Du hast deinen Mann viel zu sehr verwöhnt.«

Und ich dachte immer, Loki, Sie wären eine durch und durch emanzipierte Frau.

Ich bin keine emanzipierte Frau. Ich bin eine Frau, und zwar eine eigenständige Frau. Das hat mit der sogenannten Emanzipation nichts zu tun.

Was entgegnen Sie denn den Frauen, die Ihnen sagen, Sie hätten Ihren Mann viel zu sehr verwöhnt?

Ein Mann, der in seinem Leben eine lange Phase überhaupt nicht richtig zum Luftholen kam, überhaupt keine Möglichkeit hatte, irgendetwas für sich zu tun, gewöhnt sich natürlich bestimmte Dinge an. Bin ich dazu da, meinen Mann zu erziehen? Bestimmt nicht!

Was ist das Gewinnende im Alter, können Sie mir irgendwas sagen, was von Vorteil ist? Bei den Schmidts hat man das Gefühl, sie haben Spaß daran, ihre Unabhängigkeit auszuleben.

Das ist das eine, aber nicht das Wichtige, finde ich. Wenn man sein Leben lang sehr bewusst gelebt hat, ist das Positive im Alter, dass man einen solchen Überblick bekommen hat, dass man Ereignisse des Tages, die plötzlich wie ein Irrlicht kommen, beguckt und dann einordnet. Ich glaube, das ist eine Sache des Alters.

Sie lassen sich nicht mehr so leicht erschrecken.

Ich habe mich nie erschrecken lassen.

Frau Schmidt, Sie neigen doch sonst nicht zur Angeberei.

Es ist wahr, ich habe mich kaum jemals erschrecken lassen, obgleich es eigentlich, etwa bis zu meinem achtzigsten Lebensjahr, unendlich viele Dinge von außen, aber auch aus der Nähe gab, die mich hätten erschrecken müssen. Mir ist aber schon verhältnismäßig früh klar gewesen: Wenn Sie erschrecken, können Sie nicht reagieren und nicht agieren.

Die Menschen sehen Sie aber nicht als nüchternen Menschen, sondern empfinden eine Freude dabei, diese kauzigen, unabhängigen, schrägen Schmidts zu sehen, wie sie im Alter liebevoll miteinander umgehen. Wie empfinden Sie das, dass Sie fast ein Rollenmodell des Alters geworden sind?

Ich weiß nicht, ob wir ein Rollenmodell sind. Wenn sich alternde Menschen an uns ein Beispiel nähmen, wie man mit seinem Ehemann oder seiner Ehefrau umgeht, wäre ich ganz dankbar. Sie merken: Lehrer bleibt Lehrer.

Gut, aber das ganze Leben ist ja kein durchgehend pädagogischer Auftrag. Ich frage mich: Haben Sie beide ab und zu einen heimlichen Spaß daran, so gesehen zu werden?

Wir können machen, was wir wollen in einem bestimmten Rahmen, den wir uns selbst setzen.

Loki, ich habe das Gefühl, dass Sie eine klammheimliche Freude daran empfinden, als widerspenstiges, liebevolles Paar gesehen zu werden.

Als widerspenstig sehe ich uns nicht – Entschuldigung, aber mit einer gewissen Heiterkeit stelle ich fest, dass man die beiden Alten – auch als liebevolles Paar – in ihrer Art, so, wie sie sind, zur Kenntnis nimmt.

Wie erklären Sie sich, dass Sie so eine Wirkung ausüben?

Jetzt muss ich Sie berichtigen. Wir Schmidts sind nicht der Meinung. Das ist Ihre Meinung.
Ich kann Ihnen das nicht beantworten. Möglicherweise, weil bei allen Themen, über die wir reden, die Menschen das Gefühl haben, bei denen ist die Rede Ja – Ja und Nein – Nein. Das glaube ich.

Kein Getue, kein Gefasel?

Das spielt sicher auch eine Rolle, dass wir unser Leben lang – auch in der Nazizeit, auch in der Schulzeit – versucht haben, so zu sein, wie wir sind, und nicht irgendetwas anderes darzustellen. Wir wundern uns darüber. Aber ich vermute, dass auch eine Rolle spielt, dass wir eigentlich in einem Alter sind, wo man keinen ganz vernünftigen Satz mehr aus unserem Mund erwartet, und dann kommt doch noch was Vernünftiges.

Der spitze, wache Geist oder doch ein bisschen mehr?

Möglicherweise. Für die jüngere Generation ist so ein uraltes Ehepaar, das so lange zusammenbleibt und dann noch Händchen hält, auch eine Ausnahme.

Eigentlich ein bisschen traurig, wenn diese Geste von Vertrautheit, von Zärtlichkeit irgendwie was Außergewöhnliches zu sein scheint.

Das ist was Trauriges. Deswegen sage ich ja auch so häufig, wenn sich wieder ein Ehepaar getrennt hat und sich anders zusammenfügt, nun müssen die erst nochmal wieder die ersten Schritte zusammen machen, bis sie sich aneinander gewöhnt haben. Das haben wir uns erspart. Nun sind wir natürlich mit unserer gemeinsamen Kinder- und vor allen Dingen sehr schönen Schulzeit in einer besonders glücklichen Situation.

Würden Sie aus der Betrachtung Ihres Lebens sagen, dass diese ganz frühe Beziehung, dieses ganz frühe Kennenlernen in der Schulzeit auch das Geheimnis Ihrer Liebe ist?

Ich will das mal so sagen: Keiner kann dem anderen was vormachen, der war immer da und hat das miterlebt. Jetzt im Alter ist das natürlich ein Geschenk, dass man so viele gemeinsame Erinnerungen durch Jahrzehnte hat. Auch wenn es, ich möchte beinahe sagen, Jahrzehnte gegeben hat, wo wir uns nur abends sahen oder nur morgens, also in der schlimmen Bonner Zeit. Wann haben wir uns denn gesehen? Eins habe ich gemacht: Ich hatte lauter kleine Vasen. Mein Mann bekam eine Vase mit einer oder zwei Blumen auf den Frühstückstisch, die er sogar meistens registriert hat, wenn auch manchmal nur mit dem linken Auge. Und dann haben wir uns abends gesehen, wenn es dunkel war.

Hat Ihnen das gereicht, dass er Ihre Blumen manchmal nur mit dem linken Auge gesehen hat und mehr nicht von Ihnen?

Die Umstände waren nun mal so.

Jetzt sprechen Sie wieder über die Umstände. Loki, ich glaube Ihnen das nicht. Waren die Bonner Jahre die härtesten in Ihrem Leben und die härtesten für die Beziehung zu Ihrem Mann?

Das waren die härtesten Jahre für uns. Während der Abgeordneten-Jahre führten wir eigentlich nur eine Wochenendehe. Susanne war noch klein, und manchmal fragte sie: »Kommt Papi schon wieder?« Sie durfte nämlich in seinem Bett schlafen, wenn er nicht da war. Dass solche Phasen für eine Ehe nicht das Förderlichste sind, ist doch selbstverständlich.

Warum haben Sie es denn trotzdem wieder hingekriegt? Lag das an Ihrer Gutmütigkeit? An Ihrer unglaublichen Toleranz?

An meiner Gutmütigkeit? Ich habe eins begriffen, das kann vielleicht sogar stehen bleiben: Ich bin sein Zuhause. Das hat er wörtlich so nicht gesagt, aber er hat es mir gezeigt. Und das ist ein Schatz, wenn man für einen anderen Menschen das Zuhause ist.

Das heißt, Sie konnten alles andere dann auch verzeihen?

Punkt an dieser Stelle.

Hat Sie die Einschätzung von Theo Sommer in dem Film von Sandra Maischberger verletzt?

Mein Mann und ich haben uns angeguckt und gedacht: Das hätte nicht nötig getan, so will ich das mal sagen.

Da waren Sie beide einer Meinung?

Da waren wir beide einer Meinung.

Es ist nicht so einfach, eine so lange Strecke zu gehen.

Nein, das ist natürlich nicht einfach, aber wir haben uns in dieser langen Ehe nur ein einziges Mal gezankt, und das ist wohl 1946 oder 1947 gewesen, also ewig her. Da war ich so wütend auf meinen Mann, dass ich ihm irgendetwas an den Kopf schmeißen wollte. Da es aber noch vor der Währungsreform war, hat mein Verstand noch ausgereicht, etwas zu nehmen, was nicht zerbricht – das kriegst du nie wieder, habe ich gedacht – und einen nassen Waschlappen genommen.

Haben Sie wenigstens getroffen?

Nein, ich habe nicht getroffen, und darüber lachen wir noch heute.

Warum haben Sie nicht getroffen? Weil Sie eigentlich in Wirklichkeit nicht treffen wollten, Loki?

Nein, weil er sich gebückt hat.

Was war der Grund, dass Sie ihm den nassen Lappen mitten ins Gesicht gewünscht haben?

Das weiß ich nicht. Da wir über diesen nassen Waschlappen schon so häufig gelacht haben, haben wir uns beide den Kopf zerbrochen, was eigentlich der Anlass war. Es fällt uns nicht ein.

Aber es war ein massiver Streit.

Nein. Unter einem massiven Streit stelle ich mir vor, dass man sicher minutenlang Rede und Gegenrede hat. Es ist sicher nur ein Satz gewesen, ich weiß es nicht. Wir wissen es beide nicht mehr. Wir haben uns Mühe gegeben, es ist uns nicht mehr eingefallen. Aber über diesen nassen Waschlappen, wenn wir denn daran denken, müssen wir beide noch heute lachen.

Hätten Sie in den Bonner Jahren ganz gern mal einen nassen Waschlappen in der Hand gehabt und geworfen?

Nein. In den gemeinsamen Bonner Jahren habe ich meinen Mann ja kaum gesehen. Das waren ganz, ganz harte Jahre. Und Wochenenden gab es kaum. Alle drei Wochen mal, dass wir nach Hamburg konnten. Wann ist denn im politischen Alltag schon mal Wochenende? Nein, die Bonner Jahre waren für uns beide harte Arbeitszeiten.

Warum sind Sie so gut im Hinunterschlucken von Problemen? Klagen und Jammern ist Ihnen partout zuwider.

Ich weiß nicht, ob ich gut im Schlucken bin, aber was ich weiß: Es bringt nichts. Es bringt mir nichts, und ich finde, Leute, die anderen die Ohren volljammern, sind etwas Unangenehmes. Und unangenehm wollte ich gegenüber anderen nicht sein.

Gönnen Sie sich für sich ganz allein denn Momente des Klagens und Jammerns?

Dazu hatte ich früher keine Zeit. Jetzt kommt es manchmal vor, wenn ich allein bin, dass ich anfange zu heulen. Eigentlich mehr aus Erschöpfung denn aus Enttäuschung, dass ich vieles nicht mehr kann. Ja, Erschöpfung.

Tut es gut, das Heulen, das Weinen dann?

Richtig weinen tue ich nicht. Ich muss dann irgendwelche Stöhnlaute vor mich hin machen. Die höre ich ja selbst nur, wenn ich allein bin.

Weiß Ihr Mann das?

Ja. Das habe ich ihm erzählt, und manchmal ertappt er mich natürlich auch dabei, wenn ich mich nicht ganz zusammennehme. Das habe ich aber nicht so gern.

Was sagt er dann?

Irgendeinen dummen Schnack, und dann lachen wir. Seit letztem Jahr, als ich mit der operierten Wirbelsäule wieder aus dem Krankenhaus gekommen bin, haben wir den schönen Schnack erfunden: »Das ist nur das Alter.« Und meistens sagen wir das dann auch noch gemeinsam.

Synchron sozusagen.

Und was kommt dann? Ein großes Gelächter, ist ja klar. Kürzlich fiel unserer vormittäglichen Hilfe etwas hin. Ich wollte irgendetwas sagen wie »Ist nicht so schlimm.« Als sie in der Tür zum Esszimmer stand und sagte: »Das ist nur das Alter«, mussten wir beide lachen.

Haben Sie mit Ihrem Mann darüber geredet, was ist, wenn der eine eher gehen muss?

Ob mein Mann und ich darüber geredet haben? Unsere Hamburger Freunde reden darüber, wie das bei uns beiden sein wird, und meinen, wenn der eine geht, wird der andere bald hinterhergehen.

Theo Sommer sagt das in dem Film von Sandra Maischberger.

Ja, das sagt auch Henning Voscherau.

Wie ist das, wenn andere Leute so etwas über einen sagen, Frau Schmidt?

Wieso? Ich kann doch niemandem seine Gedanken verbieten.

Das meine ich auch nicht.

Ich würde sagen, die haben wahrscheinlich recht. Denn das erlebt man ja häufiger mal, dass Ehepartner nicht sehr lange allein nachbleiben, wenn sie vorher gut zusammengelebt hatten. Wahrscheinlich macht das Leben, wenn man so lange verheiratet und aufeinander eingestellt war, nicht mehr so furchtbar viel Spaß, denke ich mir. Es sei denn, dass man noch irgendeine wichtige Aufgabe für die Allgemeinheit hat. Das, glaube ich, kann einen Menschen noch dazu bringen, auch wenn er allein ist, weiterzumachen.

Aber diese Aufgabe haben Sie doch, Frau Schmidt.

Ich habe ja nun schon vor sehr langer Zeit dafür gesorgt, dass andere, Jüngere, weitermachen.

Gut, aber Sie sind für viele Menschen eine Symbolfigur. Was können Sie den Menschen sagen, lohnt es sich, geduldig zu bleiben in der Beziehung? Was sind die lebenswerten und tollen Momente einer fast lebenslangen Beziehung?

Die Vertrautheit. Es kommt ja jeden Tag vor, dass wir wie aus einem Munde dasselbe sagen, weil wir dasselbe gedacht haben. Vielleicht auch, dass man gar nicht mehr viel reden muss, weil man weiß, was der andere denkt, aber wir reden natürlich trotzdem dauernd miteinander.

Mehr als früher?

Weil wir mehr Zeit haben.

Ja, aber auch, weil Sie gegenseitig eine größere Aufmerksamkeit füreinander haben?

Heute bekomme ich jede Rede, jeden Aufsatz vorher: »Lies mal. Was hast du dazu zu sagen?«

Sie haben ja vor kurzem gesagt, Sie hätten heute einen Mann, der zuhören würde.

Weil er mehr Zeit hat.

Hat er vielleicht auch andere Qualitäten dazugewonnen?

Er ist natürlich mit allen Menschen geduldiger geworden, weil nichts mehr drängt. Es muss nichts mehr sofort entschieden werden, und die Verantwortung ist weg.

Welche Tipps können Sie anderen Paaren geben? Warum lohnt es sich, durchzuhalten?

Jungen Ehepaaren, die so nach sechs, sieben Jahren ihre erste Krise haben, würde ich sagen: »Ich kann mir vorstellen, dass ein anderer Mensch dich sexuell viel mehr anzieht als der alte, aber das ist nur ein kleiner Teil des Lebens. Die Vertrautheit, die du mit dem anderen hattest, musst du erst wieder herstellen, und das ist ein langer Prozess. Und komm bloß nicht auf die Idee, ihn erziehen zu wollen. Du findest ihn oder sie ja attraktiv, weil sie so ist, wie sie ist, und nicht anders.«

Wie oft waren Sie denn in Ihrem Leben an einem Punkt, wo Sie ernsthaft darüber nachgedacht haben, ob Vertrautheit alles ist?

Vertrautheit ist ja auch nicht genug. Vertrauen, bedingungsloses Vertrauen, ist mehr als Vertrautheit. Das ist auch, wenn man jung ist, ganz wichtig. Das vergisst man, wenn man frisch verliebt ist. Aber wie wichtig es ist, dass man dem anderen absolutes Vertrauen schenkt oder weiß, dass einem absolutes Vertrauen entgegengebracht wird, ist etwas, das man vielleicht erst richtig einschätzen kann, wenn man älter ist.

Liebe ist also wichtiger als das Verliebtsein?

Liebe gilt für das ganze Leben. Dass es reizvoll ist, auch mal ein leichtes Kribbeln zu haben, ist das Sahnehäubchen.

Eine Person, die immer irgendwie ein bisschen zur Familie dazugehören wollte, Ihr Mann war ein besonderer Fan von ihr, war Inge Meysel.

Nein, so würde ich das nicht sagen. Haben Sie Inge Meysel noch kennengelernt?

Ja, das war ein etwas anderes Vergnügen.

Inge Meysel. Da, wo ich bin, da ist der Mittelpunkt, anders als andere Menschen.

Zurückhaltung war ihr ein Fremdwort.

Ja.

Aber sie sagte immer: Ihr Herz schlägt links.

Sie schäkerte auch ganz gern mit meinem Mann so ein bisschen, freute sich, wenn er darauf reagierte.

Hatten Sie Anlass zur Eifersucht?

Nein.

Hatten Sie Anlass zur Eifersucht bei Lilly Palmer?

Anlass zur Eifersucht ist ein falscher Ausdruck, aber die beiden mochten sich.

Die hatten einen Draht zueinander?

Aber ich mochte sie eben auch sehr gern.

Was war das Faszinierende an Lilly Palmer? Sie haben sich ja oft gesehen.

Wenn ich jetzt sage, ein Mensch aus einem Guss, muss ich das erklären. Etwas sehr Geschlossenes, ohne Zacken, ohne Widerborsten. Außerdem fand ich es sehr schön, dass sie malte und sich dann sehr in die Atmosphäre und den Gegenstand der Bilder versenkte. Sie war, wenn sie malte, ganz bei dem Bild, das da entstand.

Haben Sie sie ein bisschen beneidet um diese Fähigkeit, sich in eine Sache so fallen lassen zu können?

Nein. Beneidet habe ich sie nicht. Außerdem war es wohl nicht so ganz einfach mit ihrem Mann, den sie sehr geliebt hat. Ich weiß es nicht. Sie hat mir nur manchmal ein ganz klein bisschen Andeutungen gemacht.

Sie war Jüdin und bezeichnete sich ja immer gern als preußische Ameise, als Pflichtmensch. Sie war mit dem Engländer Rex Harrison verheiratet, hatte deshalb auch die britische Staatsbürgerschaft, hat sich aber nicht selber als Engländerin verstanden.

Aber ich glaube auch nicht, dass sie sich als Deutsche verstanden hat. Lilly Palmer hat sich, glaube ich, hauptsächlich als Mensch verstanden.

Sie hat Ihnen gegenüber mal angedeutet, sie werde irgendwann selbst Schluss machen mit dem Leben, wenn es nicht mehr anständig genug wäre, das Leben zu ertragen.

Da unten im Esszimmer hat sie das zu mir gesagt. »Meine Mutter hat auch dafür gesorgt, und ich werde auch dafür sorgen.«

Glauben Sie, dass sie 1986 nicht an ihrem fortgeschrittenen Krebs gestorben ist, sondern von eigener Hand?

Das habe ich damals gedacht, denn fortgeschrittener Krebs kann etwas ganz Schlimmes sein, auch was die Schmerzen angeht, und es war für sie sicher nicht ganz einfach – wie für alle Menschen, die den eigenen körperlichen Verfall beobachten.

Nochmal zurück zu Ihnen beiden. Wenn ich Sie zusammen sehe, Sie und Ihren Mann, dann habe ich das Gefühl, es gibt heute so etwas wie eine kindliche Albernheit, beschreibe ich das richtig?

Die hat es bei uns immer gegeben. Das gehört für mich dazu, um jemanden von A bis Z gern zu mögen, dass ich mit ihm auch albern sein kann.

Ist das mehr geworden? Frei nach dem Motto: Ist doch schnurzegal, wie die Leute über uns reden, wir machen unser Ding?

Was die Leute über uns reden, ist wieder was anderes. Dass die Leute über uns reden, ist mir eigentlich schon als Kind ziemlich egal gewesen. Und Helmut auch. Aber dann gibt es Phasen, wo man weiß, dass man sich anständig benehmen muss. Zum Beispiel können ein Bundeskanzler und seine Frau, wenn sie im Ausland Deutschland vertreten, nicht albern kichern, das ist doch klar. Da muss man sich an Verhaltensregeln halten.

Und jetzt im Alter – worüber kichern oder lachen Sie mit Ihrem Mann?

Zum Beispiel fängt einer an zu singen, schief und krumm, wir können ja beide nicht mehr richtig singen, und wenn der andere anfängt, dann kriegen wir plötzlich einen Lachanfall, weil das so blöde klingt, oder wir dichten. Dann erzähle ich Helmut, dass er ein ganz großer Dichter ist. Lachanfall – das ist doch ganz klar.

Er mag es nicht glauben?

Nein, weil es irgend so eine alberne Reimerei ist. Je älter man wird, desto vertrauter wird man und desto mehr darf man sich und kann man sich ja auch gehenlassen. Das kann übrigens sehr schön sein.

Gehenlassen und fallenlassen. Wenn das Leben immer so fremdbestimmt war. Wie frei fühlen Sie sich heute?

Das ist sicher eine Generationssache. Wir sind halt eine Generation, bei der das Leben häufig sehr unter Kontrolle war. Sie brauchen nur an die Nazizeit zu denken.

Sind Sie manchmal erschüttert über das Selbstvertrauen Ihres Mannes?

Nein.

Sind Sie denn manchmal beeindruckt von diesem untrüglichen Selbstwertgefühl Ihres Mannes?

Das ist ja doch nicht immer da.

Gut, das tröstet.

Aber das kann er doch nicht zeigen – er ist in einer Familie groß geworden, wo man Gefühle nicht zeigt.

Der Vater muss da auch ein ganz besonders strenger Vater gewesen sein.

Aber nur solange er das Gefühl hatte, seine Kinder erziehen zu müssen. Habe ich Ihnen die Geschichte erzählt mit dem Opa-Schnaps? Ich habe diesen Mann, der nie über solche Dinge geredet hat, gefragt, ob er mal sexuelle Gefühle gegenüber anderen Frauen hatte im Alter.

Hat er sich getraut zu antworten?

O ja. Da waren wir so vertraut miteinander, dass er mich zwar groß angeguckt, aber gesagt hat: »Ach, weißt du, da war mal so eine süße Deern.« Aber nun kommt das: »Und dann habe ich an meine eigene Jugend gedacht, da habe ich mich furchtbar zusammengenommen.« Denn er hat ja mehr unter der unehelichen Geburt gelitten als unter dem jüdischen Großvater.

Aber nochmal ausgehend vom Selbstbewusstsein Ihres Mannes: Ist es eine große Fähigkeit Ihres Mannes, Selbstbewusstsein zu schauspielern?

Fragen Sie ihn selbst.

Hat er auch die weichen, schwachen Seiten?

Natürlich hat er die. Er ist doch auch ein Mensch. Aber dieses gesunde Selbstbewusstsein hat er auch schon in der Schule gehabt.

Obwohl er der Kleinste war?

Von unserem Geschichtsunterricht habe ich Ihnen schon mal was erzählt? Thema: die Ottonen. Die Geschichtsstunde fängt an. Ehe Hans Römer, der Klassenlehrer, kein Nazi, überhaupt tief Luft holen konnte, um irgendwas zu sagen, meldete sich entweder Jürgen oder Helmut und fragte: »Wie war das eigentlich damals kurz vor dem ersten Krieg?« Dann gab es ein Dreiergespräch zwischen zwei Jungs und einem Lehrer, und wir hörten fasziniert zu.

Der eine war Helmut?

Der eine war Helmut, der meistens auch die provozierende Frage stellte oder die neugierige Frage, will ich mal vorsichtig sagen. Und irgendwann klingelte es, wir hatten alle fasziniert zugehört, wie die drei sich da die Bälle zuwarfen. Dann sagte unser Lehrer: Und dann lest mal zur nächsten Geschichtsstunde von Seite sowieso bis Seite sowieso. Das war unser Geschichtsunterricht.

Also war Helmut Schmidt schon damals der Geschichtswissende?

Helmut war der Selbstbewusste, was Geschichte anging. Geographie nicht so sehr. Naturwissenschaft ebenfalls nicht. Er sagt ja, die beiden Fächer hätten keine Rolle in der Schule gespielt, da ist vielleicht ein bisschen was Richtiges dran.

Aber Ihr Mann hat doch jetzt eine Legende gebildet und uns weisgemacht, Sie hätten für ihn die Mathearbeiten geschrieben. So nachzulesen in der Kolumne »Auf eine Zigarettenlänge«. Was für eine Note hat er für die Mathearbeit bekommen, die Sie geschrieben haben?

Was heißt eine Mathearbeit?

Was, Sie haben ihm alle Mathearbeiten geschrieben?

Nein, nicht die Arbeiten, nur die Hausaufgaben.

Welches Bild liefern Sie von dem ehemaligen Finanzminister Helmut Schmidt?

Der Mathematiklehrer war mit der Nazizeit gekommen. Kein guter Lehrer, aber kein Nazi, das merkte man gleich. Mich hat er als Sonnenschein der Klasse bezeichnet. Ich liebte nun Mathematik, und Helmut hatte keine Lust, Schularbeiten zu machen. Es hätte ihm keine Schwierigkeiten gemacht.

Was haben Sie dafür verlangt, dass Sie ihm die Matheaufgaben geschrieben haben?

Wieso verlangt?

Haben Sie nicht irgendwie gesagt, dafür gibt es einen …

Auf die Idee wären wir beide nie gekommen. Nein, wir waren befreundet, und er hatte seine Schularbeiten nicht gemacht. Also habe ich sie schnell vor der Stunde hingeschrieben, wir hatten eine fast identische Schrift.

Helmut Schmidt kommt auf eine Zigarettenlänge vorbei.

Helmut Schmidt: Ich wollte mich mal kurz zu euch setzen. Ich habe noch ein paar Minuten Zeit, bevor ich ins *Zeit*-Büro fahre.

Na, kommt ihr vorwärts?

Sie haben ja mit dem Interview »Auf eine Zigarettenlänge« letzte Woche ein Geständnis geliefert.

Helmut Schmidt: Ich habe nichts zu gestehen.

Auch nicht, dass Ihre Frau für Sie die Matheaufgaben geschrieben hat?

Helmut Schmidt *(lacht)*: Das liegt ja jetzt siebzig Jahre zurück oder noch mehr.

So lange haben Sie geschwiegen.

Helmut Schmidt: Weiß ich nicht. Das ist ja nichts, was man verbergen muss oder was man erzählen muss. Aber damals waren unsere Handschriften wirklich sehr ähnlich.

Loki Schmidt: Fast identisch.

Helmut Schmidt: In diesen siebzig Jahren haben sie sich völlig auseinanderentwickelt. Sie hat eine Girlandenschrift, die ich kaum lesen kann.

Loki Schmidt: Und deine ist ganz steil geworden.

Stimmte denn die Zensur in der Mathearbeit am Ende?

Helmut Schmidt: Das weiß ich nicht.

Loki Schmidt: Wollen Sie etwa an meinen Mathekenntnissen zweifeln?

Nein, nein, ich habe natürlich keine Zweifel …

Helmut Schmidt: Tschüs. Wie immer heute Abend so gegen sechs.

Loki – die Bindung durch den Glauben an Gott und die Bindung an letzte Werte, sind das auch für Sie wichtige Grundsätze Ihres Lebens?

Loki Schmidt: Nein, bei mir sind Bindungen an Gott nie gewesen. Ich bin ja als »Heide« aufgewachsen und habe mich erst taufen lassen, als wir kirchlich heiraten wollten. Aus zwei Gründen übrigens: Mein Mann und ich waren uns einig darüber, dass man den Kirchen, wenn der Krieg zu Ende wäre, den Rücken stärken sollte. Wir hielten die Priester und Pastoren für die Einzigen, die nach dem – auch geistigen – Ruin möglicherweise die Menschen ein bisschen an die Hand nehmen könnten. Der zweite Grund: Die Nazis fingen 1941/42 an, alles, was überhaupt nur nach Kirche roch, schlechtzumachen. Da hat sich bei mir der Widerspruchsgeist geregt, auch wenn ich selbst ganz unchristlich erzogen worden bin.

Ein Mensch, der einen Kopf hat, mit dem er sich manchmal die Welt betrachtet, muss ja auf die Idee kommen, dass es oberhalb von uns kleinen Menschen und unserer kleinen Erde Gesetze gibt, Ordnungsgesetze, die das ganze Weltall zusammenhalten.

Was ist denn Ihr Bild davon, Ihr persönliches Bild?

Mich hat als verhältnismäßig kleines Kind, so mit acht oder neun, ein Satz beschäftigt, den ich irgendwo gelesen hatte, dass die Welt endlich sei. Das hat mich sehr beschäftigt, ich habe mit meinem Vater viel darüber geredet.

Über die Welt oder über das Universum?

Über beides. Für uns Menschen ist es doch eins.

Astronauten, die oben waren, behaupten das Gegenteil und sagen, es sei eine Unendlichkeit.

Das sage ich mir jetzt auch. Damals habe ich das irgendwo gelesen, und das hat mich beschäftigt. Ich habe mit meinem Vater lange darüber geredet, dass es, wenn der Weltraum endlich ist, ja irgendwo eine Grenze geben müsse und was wohl hinter der Grenze sei. Das hat mich wahnsinnig beschäftigt.

Das ist die räumliche Vorstellung, die ja bei uns allein dadurch eine Begrenzung erfährt, weil wir in gewissen Dimensionen gar nicht mehr denken können.

Später habe ich natürlich all die Kräfte um uns gespürt und begreifen können. Das fängt bei Kindern ja schon an. Es wird Tag. Es wird Nacht. Die Sterne wandern. Frühling, Sommer, Herbst und Winter. Es gibt eine Fülle von Gesetzmäßigkeiten, die mit uns Menschen überhaupt nichts zu tun haben, die ohne uns Menschen ablaufen. Mit vierzehn, fünfzehn habe ich mir gesagt, dass man diese Kräfte, die über uns Menschen sind – wir Menschen sind ja bloß ganz kleine Teilchen, jeder Baum ist größer und viele Pflanzen sind größer –, dass man diese Kräfte, die von Menschen nicht beeinflusst werden, Gott nennen kann, und ich habe mir damals überlegt und denke das heute noch, es hilft vielen Menschen.

Ist das Ihr Gottesbild auch heute noch?

Das entspricht ungefähr dem, wie ich das definieren würde. Wissen Sie, wenn man Botaniker, Biologe ist, wird man ja beinahe täglich mit Wundern konfrontiert, ob das das Schneeglöckchen ist, das da jetzt aus dem Schnee kommt, oder Eisblumen im Winter. Es wird einem eigentlich jeden Tag deutlich, dass eine übergeordnete Macht dieses ganze Gefüge zusammenhält. Ob Sie das jetzt Gott nennen wollen oder anders. Ich will das nicht personifizieren, aber diese übergeordnete Macht, die Gesetzmäßigkeiten auf der Erde zustande gebracht hat, ist für mich sehr, sehr wichtig.

Das eine ist die naturwissenschaftliche Betrachtung, dass es vielleicht in dieser Schöpfung irgendetwas Übergeordnetes gibt, sonst wäre die Welt in ihrer phantastischen Funktionsfähigkeit nicht erklärbar, aber das andere ist sozusagen die moralische Bindung, die Bindung an Werte. Kann der Mensch sich moralisch auf sich selbst verlassen, oder braucht er die Stütze der Religion? Brauchen wir Bindung nach oben?

Das ist bei jedem Menschen anders. Ich brauche sie nicht, aber ich weiß, dass es vielen Menschen einen zusätzlichen Halt gibt und besonders älteren Menschen, und ich finde das sehr gut.

Die Bindung durch den Glauben an Gott und dessen Gebote …

Ob man es Gott nennt, ob es Allah heißt, selbst das Wort Kismet, das eigentlich ja mehr Schicksal heißt, selbst solche Begriffe helfen den Menschen, ihren Platz in dieser Welt zu finden. Aber im Namen der Religion ist schon viel gemordet worden, und die Zeit der Verbrennung von Ketzern und angeblichen Hexen liegt ja noch nicht so lange zurück, ich übertreibe jetzt ein bisschen.

Haben Sie deshalb Zweifel an der Religion grundsätzlich?

Ich habe gar keine Zweifel. Nur ist das eine Sache, die jeder Mensch mit sich selbst abmachen muss. Wenn ich ein überzeugter Gläubiger bin und Kinder habe, werde ich sie selbstverständlich so erziehen, wie ich selbst erzogen bin.

Loki, was sind für Sie die wichtigsten Werte?

Zuverlässigkeit, Ehrlichkeit. Diese beiden Begriffe sind ja nicht so pathetisch, und mit Zuverlässigkeit und Ehrlichkeit meint man ja eine ganze Menge mehr.

Was halten Sie von den Werten der Demokratie – Freiheit, Gleichheit, Brüderlichkeit?

So wie Menschen nun mal sind, kann es meiner Meinung nach nie eine Gleichheit geben, eine Brüderlichkeit ja und eine Freiheit nur begrenzt bis dahin, wo die Freiheit des Nächsten anfängt.

Wenn wir schon bei der Freiheit des Nächsten sind, dann sind wir auch bei der Toleranz gegenüber den anderen. Wir hier in Deutschland haben mehr das Problem, dass wir die islamische Welt gar nicht so richtig verstehen. Sollten wir Europäer uns gegenüber dem Islam anders verhalten, oder sollte sich der Islam uns gegenüber anders verhalten?

Alles, was überspitzt ist, ob es das Christentum ist bei den Kreuzzügen, ob es der Islam ist bei seinen Kreuzzügen – denn das ist ja etwas Ähnliches –, ob es die Juden sind, die gegen den Nachbarn hohe Mauern aufrichten, all das, was übertrieben ist, lehne ich bei allen Religionen grundsätzlich ab.

Warum gibt es dieses Problem religiöser Intoleranz?

Warum es die gibt? Menschen sind überall auf der Welt Menschen.

Haben Sie das herausgefunden in den neunzig Jahren Ihres Lebens?

Nein. Das liegt aber daran, dass ich mehr ein praktischer Mensch als ein denkender Mensch bin. In meinem Leben gab es immer so viel zu tun, hier zu helfen, da zu helfen, da das und das zu machen, dass ich nicht dazu gekommen bin, mich sehr viel ins stille Kämmerlein zu setzen, um zu philosophieren.

Hätten Sie sich das manchmal mehr gewünscht?

Nein. Ich bin mehr ein handelnder Mensch. Aber Pausen hätte ich schon einige mehr haben mögen.

Ich kann mich erinnern, dass ich mich mit Ihrem Mann mal darüber unterhalten habe, wie er sich das Leben danach vorstellt. Und er hat das auf seine Art und Weise beantwortet: »Da ist nichts mehr.«

Ich habe die Vorstellung, dass kein Molekül oder Atom auf der Erde verloren geht. Das ist keine Hypothese. Wenn ich gestorben bin, zerfalle ich aus irgendwelchen Gründen. Ich will mal ganz grob sein: Wird man als Ganzes beerdigt, kommen die Würmer. Wenn man verbrannt wird, wird die Asche von der Umgebung aufgenommen. Das heißt, alle Teile von mir, winzig kleine Partikelchen sind da, und aus denen entsteht etwas anderes, entweder ein oder hundert Wesen. Dieses Gefühl, dass man Teil von diesem ganzen, von diesem großen …

… von dem Zyklus, von dem Kreislauf ist …

… ja, das finde ich ganz beruhigend.

Diese Vorstellung hat was Tröstendes für Sie?

Ja. Die habe ich schon sehr, sehr lange.

Das ist die körperliche oder physikalische Vorstellung. Viele Menschen sagen sich, es gibt etwas darüber hinaus, es gibt ein geistiges, ein spirituelles Weiterleben.

Ich weiß. Da sind wir jetzt bei den gläubigen Menschen, in dem Sinne bin ich kein gläubiger Mensch, aber wenn Sie darüber hinaus fragen, weiß ich, dass ich einige Dinge angestoßen habe in diesem Leben, die weiterlaufen. Naturschutz, möglicherweise Lehrerbildung, möglicherweise kann viel später mal jemand in den Büchern, die man gemacht hat, lesen und sagen: »Das ist eine gute Idee.« Das ist ja, wenn Sie so wollen, ein Weiterleben.

Was ist denn Ihr Glaube?

Dass man auf diesem kleinen Punkt im Weltall, genannt Erde, einen Platz hat, den man ausfüllen sollte, so gut man kann. Das ist mein Glaube, und darunter verstehe ich auch, dass man die Lebewesen, die um einen herum sind, ob das Tiere, Pflanzen oder Menschen sind, gut behandelt, das gehört für mich zum Glauben dazu.

Gibt es in Bezug auf letzte Dinge wie Tod, Jenseits bei Ihnen überhaupt irgendwie eine Vorstellung?

Es gibt ein Erlebnis. Ich habe ja mehrere Fehlgeburten gehabt. Einmal habe ich sehr viel Blut verloren und lag im Krankenhaus, Ärzte um mich herum. Ob sie mir eine Narkose gegeben haben, weiß ich nicht, sie mussten eine Ausräumung machen. Jedenfalls kam ein Zustand, der war unglaublich schön. Um mich herum war alles dunkelrot, weich, samtig. Es war ein Wohlgefühl. Ich hatte das Gefühl, beinahe zu zerfließen vor Wohlgefühl in diesem warmen Dunkelroten. Und dann hörte ich eine harte Stimme: »Da ist sie ja wieder.« Das war mein Freund, der Arzt. Er sagte: »Na ja, eigentlich warst du schon weg.« Das heißt, dieses warme, samtige Wohlgefühl war der erste Schritt zum Davongehen. Meine Frauenärztin, der ich das damals erzählte, hat sehr sorgfältig zugehört und auch noch nachgefragt. Es gibt ein Buch über Menschen, die wie ich schon auf der Schwelle waren und wieder zurückgekommen sind, die geschildert haben, was sie da gefühlt haben. Andere haben das anders empfunden. Ich habe jedenfalls nach diesem Erlebnis den Eindruck, das Sterben selbst kann etwas sehr Wunderschönes sein. Der Schritt dahin muss aber bitte, bitte nicht mit Schmerzen verbunden sein.

Das heißt, Sie haben keine Angst vor dem letzten Schritt?

Wenn ich erst einmal auf der Schwelle stehe, habe ich auch keine Angst mehr. Aber allzu viele Schmerzen – na ja. Wir können uns das nicht aussuchen, das ist ja tröstlich. Ich bin wirklich der Meinung, dass man sich, weil man aus vielen Atomen und Molekülen besteht, in all die Bestandteile auflöst, und Mutter Natur setzt das alles neu und anders wieder zusammen. Man verschwindet körperlich nicht. Man lebt in einer völlig anderen Weise oder bleibt der Erde auf eine völlig andere Weise erhalten. Und das, finde ich, ist ein tröstlicher Gedanke.

Bildnachweis

Archiv Helmut Schmidt 14, 20, 22, 30, 32, 35, 39, 55, 61, 71, 75, 80, 81, 107, 116, 132, 133, 134, 146, 162, 165, 210

Bild-Zeitung, Michael Ebner 176

dpa, Deutsche Presse Agentur 144, 145, 167

Foto Press Hamburg, Hartwig Valdmanis 172

IMT, Isabel Mahns-Techau 261

Ruth Loah 228

Neue Revue, Wolf Schöne 142

Volker Ranke 164

Uwe Reuter 143

Sven Simon 150, 151, 198, 200

Claudia Seifert im dtv

Wenn du lächelst, bist du schöner!
Kindheit in den 50er und 60er Jahren

ISBN 978-3-423-**24411**-4

Frauen blicken zurück auf eine Zeit, die wir gerne im milden Licht der Tütenlampen und Heimatfilme sehen. Doch gerade für Frauen galten Leitwörter wie Pflicht, Leistung, Ordnung, Sauberkeit und Gehorsam.

»Das ist ein Frauenbuch im besten Sinne des Wortes … Das Kunterbunt ist von unwiderstehlicher Echtheit … reizt zum Weiterlesen und Nachdenken.« (Ruth Klüger)

Tief in Deutschland
Von erfüllten und geplatzten Träumen
Mit Bildern von Renate Niebler

ISBN 978-3-423-**24730**-6

Eine Rundreise durch sechs Jahrzehnte deutscher Geschichte, zu bekannten und vergessenen Schauplätzen, Menschen und Ereignissen.

»Ein spannend zu lesendes Buch, sicher einer der besten Beiträge zum Jubiläum. Kongenial dazu passen die Fotos von Renate Niebler.« (Handelsblatt)

Aus Kindern werden Leute, aus Mädchen werden Bräute
Die 50er und 60er Jahre

ISBN 978-3-423-**24525**-8

Claudia Seifert ruft die Alltagskultur und die Rollenbilder der 50er und 60er Jahre wieder ins Gedächtnis.

»Pointiert und hintersinnig beschreibt Claudia Seifert den Zeitgeist jener idyllischen und kleinbürgerlichen Jahre.« (buchinformation.de)

Das Leben war bescheiden schön
Ein Rückblick von Frauen, die zwischen den Kriegen geboren wurden
Durchgehend illustriert

ISBN 978-3-423-**24683**-5

Wie hat die Generation der Großmütter ihr Leben erlebt? Die Wirtschaftskrise, das Hitler-Regime, der Zweite Weltkrieg, womöglich Flucht und Vertreibung, auf jeden Fall ein zerstörtes Deutschland und dann der Wiederaufbau und die Geschichte der Bundesrepublik – oft genug hieß es einfach, die Zähne zusammenzubeißen und weiterzumachen.

»Ihre Erinnerungen sind Gold wert, ein Stück Geschichte, original und doch subjektiv.« (Mindener Tagblatt)

Bitte besuchen Sie uns im Internet: www.dtv.de